授業をグーンと
楽しくする
英語教材シリーズ
24

5分間トレーニングで
英語力がぐんぐんアップ！

中学生のための
すらすら英会話
100

瀧沢広人 著

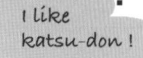

明治図書

はじめに

ぜひ，先生方に実践してもらいたい活動が，これから紹介する

> すらすら英会話

である。

これは，授業開始時の5分間，ペアでQAを行うだけで，生徒の英会話"力"が付く優れモノである。

やり方は，とてもシンプル，なおかつ次のような効果が考えられる。

- ☐ 教室内に英語を話す雰囲気ができる。
- ☐ 授業の最初に話す活動を行うので，授業が活気付き，元気になる。
- ☐ 英会話"力"が身につく。
- ☐ 文法事項が会話でどのように使われるのか，文法の「使い方」を学ぶことができる。
- ☐ 授業の最初に同じ活動から入るので，生徒は安心して授業に取り組める。
  （特別支援の生徒への配慮事項）
- ☐ 書かれているQAを読むだけなので，誰でも簡単にできる。
- ☐ 席の移動やタスク・レベルの向上で，飽きずに「継続」できる。
- ☐ 生徒からどんどん英語が出てくる。

たった5分の活動を毎日「継続」していくことで，このような効果が期待できるのである。

ある時地区の中学校を回っているALTが，「何でこの学校の生徒は，英語がそんなに出てくるの？」と不思議そうに私に聞いてきた。

私にとっては，英語が生徒から出てくる理由はいくつかあると考えられたが，この時，その教室の事実を作っているものは，「すらすら英会話」だと確信していた。

これなしでは，生徒の会話力は育たなかったと言っても過言ではない。

毎時間，毎時間，繰り返す「すらすら英会話」を，ほんの少し"変化"させ，そして，時には"進化"させる中で，生徒たちは英会話"力"を身につけていったのである。

英会話は，「力（＝技能）」である。

普通に授業をやって，普通に英語の勉強をしていたのでは絶対に身につかない。

「力（＝技能）」であるから，それなりの訓練が必要である。

その訓練（＝トレーニング）の場が「すらすら英会話」なのである。

本来は，「すらすら英会話」のハンドアウトは，各先生方が作られた方がよい，と思う。
　教室内の生徒の興味・実態を踏まえた「すらすら英会話」，また教師の教えたい内容が入った「すらすら英会話」が最良の教材だからである。
　しかし多忙な教師生活の中，ハンドアウトが作れない時もある。そんな時は，本書をそのまま利用することで可能となるのである。
　トレーニングの要は「継続」であるため，やらない時期があると技能は下がってしまう。
　ならば，作る時間がなくて生徒に配れず，やれないのであれば，既成のものではあるが，それを利用してやった方がよい，と思う。Better than nothing. である。
　本書のワークシートを印刷し，そのまま生徒に配ればすぐに実践できる。
　また，このワークシートはできるだけ，どの先生も使いやすいように一般化させ，そして該当の文法項目で必要となる例文を，英会話という視点から見直し，どの教室でも使えるように工夫・作成したつもりである。
　もし，どうしても表現が合わなければ，それをもとに作り直してほしい。
　たたき台があるので，作成しやすいことと思う。
　私は，今までに，この「すらすら英会話」を他著書でも多く紹介してきた。
　なぜなら，多くの先生方に実践してもらい，その効果，生徒の変容を「実感」してもらいたかったからである。
　その結果，多くの先生方からの「『すらすら英会話』の本って出ているのですか？」「すべて作ってあるのですか？」「会話集を送っていただけませんか？」という問い合わせが数多くあった。
　残念ながら，英会話集として，まとまってはいなかったので，問い合わせていただいた先生方には，いくつか見本となる「すらすら英会話」を送らせていただくという形で，個々に対応させていただいた。
　しかし今回，そのワークシート集が出ることが決まり，その夢が叶うこととなった。
　いちいち教師が作らなくて済むようになったのである。
　中1から中3までの"文法編"と，「レストランで」「電話」「道案内」などの場面会話をまとめた"内容編"が「すらすら英会話」として本書に入っている。
　さらに，相づちや簡単な英会話をまとめた「ひとくち英語」も入り，この1冊で，授業での活用度は200%となった。
　英語はトレーニングである。
　毎時間の"英会話トレーニング"の1つが，授業開始時の「すらすら英会話」である。
　ぜひ，お試しいただけたら幸いである。

2013年8月　　　　　　　　　　　　　　　　　　　　　　　　　　　　瀧沢　広人

Contents

目次

はじめに 3

Chapter 1 授業はじめのたった5分！簡単「すらすら英会話」の使い方 9

1 生徒の話す力を付ける！すらすら英会話のやり方 ［基本形と変化技］ 10
① 基本形1　まずは，すらすら言えるようにする 10
② 基本形2　再度すらすら言えるように繰り返す 13
③ 変化技1　ここで！ジャンケンに負けた人は，プリントを見ないで言わせる 14
④ 変化技2　次は，ジャンケンに勝った人はバラバラに質問するようにさせる 15
⑤ 変化技3　さらに，質問する方も見ないで言う 16
⑥ 変化技4　いよいよ！答える方は自分のことで答えさせる 17
⑦ 変化技5　試しに，相手の発言に相づちをうたせてみる 18

2 生徒の思考力を鍛える！すらすら英会話のやり方 ［進化技］ 19
① 進化技1　QAA で答える 19
② 進化技2　QAAA で答える 20
③ 進化技3　QAAAQ にする 21

3 すらすら英会話プリントの保存法 22
4 すらすら英会話の活用法 23
5 すらすら英会話の指導計画 25
6 すらすら英会話のテストと評価法 26
① インタビューテスト 26
② 少人数指導における ALT との会話 27
③ 「すらすら英会話」のライティング 28
④ 「すらすら英会話」のテスト法1 29

⑤ 「すらすら英会話」のテスト法2 ... 30

Chapter 2 中学1年で身につけたい「すらすら英会話」 ... 31

| 主な文法事項 | 実施時期 | 留意点 | 活動時間 | 活動回数 |

授業づくりのヒント

1 一般動詞を使ったすらすら英会話 ... 32
2 be 動詞を使ったすらすら英会話 ... 34
3 Is this ～？を使ったすらすら英会話 ... 36
4 3人称単数現在形を使ったすらすら英会話 ... 38
5 When を使ったすらすら英会話 ... 40
6 What time ～？を使ったすらすら英会話 ... 42
7 What+名詞 ～？を使ったすらすら英会話 ... 44
8 How ～？を使ったすらすら英会話 ... 46
9 Where ～？を使ったすらすら英会話 ... 48
10 can を使ったすらすら英会話 ... 50
11 過去形（規則動詞）を使ったすらすら英会話 ... 52
12 過去形（不規則動詞）を使ったすらすら英会話 ... 54
13 答え方（Yes／No Questions）のまとめ　すらすら英会話 ... 56
14 答え方（Wh－Questions）のまとめ　すらすら英会話 ... 58
　中1のまとめ　すらすら英会話 ... 60

Chapter 3 中学2年で身につけたい「すらすら英会話」 ... 61

| 主な文法事項 | 実施時期 | 留意点 | 活動時間 | 活動回数 |

授業づくりのヒント

1 be 動詞の過去形を使ったすらすら英会話 ... 62
2 過去進行形を使ったすらすら英会話 ... 64
3 There is／are を使ったすらすら英会話 ... 66

4	未来表現を使ったすらすら英会話	68
5	不定詞を使ったすらすら英会話	70
6	動名詞を使ったすらすら英会話	72
7	比較（比較・最上級）を使ったすらすら英会話	74
8	比較（more／the most）を使ったすらすら英会話	76
9	比較（better／the best）を使ったすらすら英会話	78
10	接続詞（when／that／if）を使ったすらすら英会話	80
	中2のまとめ　すらすら英会話	82

Chapter 4 中学3年で身につけたい「すらすら英会話」　83

| 主な文法事項 | 実施時期 | 留意点 | 活動時間 | 活動回数 |

授業づくりのヒント

1	受け身を使ったすらすら英会話	84
2	現在完了（完了）を使ったすらすら英会話	86
3	現在完了（経験）を使ったすらすら英会話	88
4	現在完了（継続）を使ったすらすら英会話	90
5	分詞の後置修飾を使ったすらすら英会話	92
6	構文を使ったすらすら英会話	94
7	間接疑問文を使ったすらすら英会話	96
	中3のまとめ①　すらすら英会話	98
	中3のまとめ②　すらすら英会話	99
	中3のまとめ③　すらすら英会話	100

Chapter 5 場面別に使える！「すらすら英会話」　101

| 主な表現 | 実施時期 | 留意点 | 活動時間 | 活動回数 |

授業づくりのヒント

1 ファーストフード店の場面でのすらすら英会話	102
2 空港・入国審査の場面でのすらすら英会話	104
3 道案内の場面でのすらすら英会話	106
4 電話でのすらすら英会話	108
5 体調を尋ねる場面でのすらすら英会話	110
6 買い物をする場面でのすらすら英会話	112
7 電車の案内をする場面でのすらすら英会話	114
8 レストランでのすらすら英会話	116

英語コラム 「言語文化」がぎっしり！ 場面別英会話 118

Chapter 6 中学3年間でぜひ身につけたい！「ひとくち英語」ベスト100 119

1 ひとくち英語 120

| 主な表現 | 実施時期 | 留意点 | 活動時間 | 活動回数 |

授業づくりのヒント

ひとくち英語 ❶ 1 → 25	121
ひとくち英語 ❷ 26 → 50	122
ひとくち英語 ❸ 51 → 75	123
ひとくち英語 ❹ 76 → 100	124

あとがき 125

Chapter 1

授業はじめのたった5分！
簡単「すらすら英会話」の使い方

Chapter 1

1 生徒の話す力を付ける！ すらすら英会話のやり方
[基本形と変化技]

1 基本形1　まずは，すらすら言えるようにする

「すらすら英会話」で大事なことは，まず，「シートの英文がすらすら言えるようになる」ということである。いきなり自分のことを言わせることはしない。まずは，このシートに書かれている質問をすらすらと言えるようにさせるのである。

そして，すらすら言えるようになったら，「見ないでも言わせる」ように段階を踏んでいく。この気付かないようなスモールステップがこの活動の特徴と言える。

まずは，すらすらと言えるようにさせよう。

指導手順

❶「すらすら英会話」のシートを配る。
❷読み方（発音）を確認し，数回繰り返させる。
　最初はゆっくり発音しながら，2回目は，少し早めに読むなど緩急をつけるようにする。
❸教師が左側，生徒が右側を読む。これが既に会話となっている。
❹その後，机を向かい合わせにして，ペアにさせる。

❺生徒はペアと，ジャンケンをする。
❻勝った人は左側（質問），負けた人は右側（答え）の方を「読む」ように指示する。
　最初は，プリント（次項参照）に書かれた通り行うようにする。

中学1年 すらすら英会話

一般動詞を使ったすらすら英会話

① Hi, how are you?
　I'm fine too thank you.

② Do you play soccer?

③ Do you play baseball?

④ Do you play tennis?

⑤ What sports do you play?

⑥ Do you like Japanese food?

⑦ What Japanese food do you like?

⑧ Do you like natto?

⑨ What Chinese food do you like?

⑩ What Italian food do you like?

⑪ Do you have any pets?

⑫ What pet do you have?

⑬ Thank you very much.

① I'm fine thank you. And you?

② No, I don't.

③ No, I don't.

④ No, I don't.

⑤ I play basketball.

⑥ Yes, I do.

⑦ I like katsu-don.

⑧ Yes. I love it.

⑨ I like gyoza.

⑩ I like pizza.

⑪ Yes, I do.

⑫ I have a dog.

⑬ See you.

自己評価してみよう

◎ よくできた　〇 まあまあ　△ まだまだ

項目	日にち						
	/	/	/	/	/	/	/
① 相手の目を見て会話ができましたか。							
② 大きな声で言えましたか。							
③ すらすらと言えるようになりましたか。							

❼「すらすら英会話」のシートの質問を，上から順々にやらせる。教師は生徒の様子を観察し，速いペアを確認する。そして，終わりそうなペアがあると，そこで"Let's change."と言って席を1つ移動させる。またはベルを鳴らす。すると生徒は下図のように移動する。速い子は終わってしまうと遊び始めるので，"Let's change."と言われたら，最後までいっていないペアも，途中で，"Good bye."と言って，席を移動させる。およそ40秒ほどで終わってしまうペアが出てくるので，そのタイミングを教師は計るようにする。

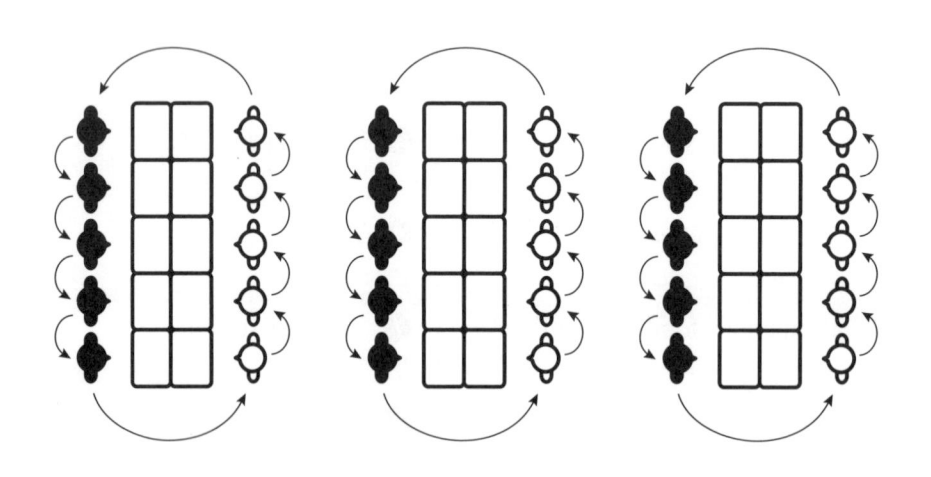

❽移動が終わると，新しいペアとジャンケンし，先ほどと同じように，勝った人が左側（質問），負けた人が右側（答え）を言う練習をする。このように移動させることで，同じ活動であっても先ほどとは違う友達とやることになり，飽きずに繰り返し行わせることができるのである。

❾40秒ほどしたら，また，"Let's change."と言って，席を1つ移動させる。

❿この繰り返しで7〜8回（3〜4分程度）行う。このように第1時では，すらすら言えるようになることをねらいとし，何度も繰り返させるようにする。

> **留意点** このように，初めて行う時は，全体で音読し，発音を確認してから行う。また，このペア活動のやり方を一度教えてしまえば，次からは，Let's make pairs. という指示で生徒はペアになり，教師のLet's change! の指示で，生徒は席を1つ移動することができるようになる。これが学習技能である。学習技能を1つ1つ教えていくことが，規律ある授業を作ることにつながるのである。

参考 『生徒にゲットさせたい"英語の学習スキル"―入門期の指導ステップ』（瀧沢広人 著　明治図書）

②　基本形2　再度すらすら言えるように繰り返す

　前時に「すらすら英会話」を行い，それで終わってしまっては，生徒はできるようにはならない。
　1つの技能は，ある程度連続して計画的に指導していかなければ身につかないものである。また，次の時間になるとすでに忘れてしまっている生徒もいる。
　そこで，復習を兼ね，前時の学習から「重ねて」授業をするようにする。
　それがトレーニングである。

指導手順

❶前時の復習を兼ねて，一度音読する。これが声出し練習にもなる。
　さらに「すらすら英会話」へのウオーミングアップとなるのである。
❷その後，生徒を起立させ，質問の方だけを最後まで言えたら座らせる。
　ここで答えの方まで言わせると時間がかかり，速く読める子，遅い子の差が広がってしまう。そこで，質問の方（左側）だけ読ませるようにする。
　この段階も，「すらすら英会話」へのウオーミングアップとなる。
❸生徒はペアになる。
❹ジャンケンをさせる。勝った人は左側（質問），負けた人は右側（答え）を読むよう指示する。
　これは前回もやっているので，生徒はスムーズに活動できるようになっている。
❺40秒ほどしたら，ペアを変える。
❻上の❹❺を，ひたすら繰り返す。
❼この頃になると生徒もすらすら言えるようになってくる。
　そこで，生徒の変容を褒めながら，授業のテンポを作るようにする。

留意点　ここで，少しでも生徒の言葉で…などと思い，自分のことを言わせようとすると，失敗する。とにかく暗記して，すらすら言えるくらいになるまで，この「すらすら英会話」を，シート通りに言わせる。
　また，BGMをかけ，生徒の活動にリズムを付けるようにする。BGMをかけることで，声に出す恥ずかしさが消え，楽しい雰囲気の中，活動することができる。
　この練習を，毎時間，授業の最初の5分で，訓練するのである。体育の授業でのサーキット・トレーニングと同様である。毎時間，授業の最初に行う，持久力や瞬発力などを鍛える体力づくりである。体育の授業にもあれば，英語の授業にも，トレーニングは必要である。

③ 変化技1　ここで！ジャンケンに負けた人は，プリントを見ないで言わせる

「技能は繰り返さなくては身につかない」。その通りである。しかし，いつまでも同じことの繰り返しをやらされていたら，生徒は飽きてしまう。まして，もう十分できる（＝言える状態にある）のに，同じ活動ばかりさせられることは，苦痛以外の何でもない。

そこで，3時間目あたりに，ほんの少しの「変化」を与えるようにしてみる。

タスク・レベルを上げていくのである。それがここから始まる"変化技"である。

指導手順

❶ペアにする。（必要があれば全体音読から）
❷ジャンケンをさせ，勝った人は左側（質問），負けた人は，右側（答え）を読む。
❸だいたい40秒ほどしたら，ペアを変えていく。
❹上の❷❸を2〜3回繰り返す。（ここまでは，今までと同じ流れ）
❺その後，「今度はジャンケンに負けた人は，見ないで言います」と指示する。
　これが"変化技"である。つまり，答える方はプリントを見ないで言うのである。見ないで答えることで，「すらすら英会話」のねらいに近付けていく。このようにすることで，同じことの繰り返しに変化を与え，タスク・レベルを上げていくことになる。

❻❺を3〜4回行い，本時の「すらすら英会話」のトレーニングは終了となる。

留意点　このように「ジャンケンに負けた人は，プリントを見ないで言う」という指示を出すことで，生徒は，「相手の質問にすらすら答えられる」というねらいに1歩近付くことになる。しかし，次のように
「もし，わからなかったら，プリントを見ても構いません」
と言って，逃げ道を用意させておくことの配慮は大切である。
このようにしてペアを変えながら，数回は続ける。

④ 変化技2　次は，ジャンケンに勝った人はバラバラに質問するようにさせる

次に，「ジャンケンに勝った人は，バラバラに質問する」という活動にもっていく。

つまり，ここまで繰り返し練習していると，"No, I don't." "No, I don't." "No, I don't." "I play basketball." と，相手の質問を聞かなくても，答えを覚えていて，どんどん言ってしまう生徒が出てくる。

そこでバラバラに質問させることで，「質問に合わせて答える」という段階にもっていくのである。通称「バラバラ質問」である。

指導手順

❶ペアにする。

❷ジャンケンをさせ，勝った人は左側（質問），負けた人は，右側（答え）を読ませる。

❸40秒ほどしたら，ペアを変える。

❹上の❷❸を2〜3回繰り返した後，前時にやった，「今度はジャンケンに負けた人は，見ないで言います」と指示する。（ここまでは，前回までと同じ流れ）

❺その後，「ジャンケンに勝った人は，1から順番通りに質問するのではなく，バラバラに質問します」「バラバラ質問！」と言う。このように最後に活動に名前を付けておくことで，次回，いちいち説明しなくても，「バラバラ質問」と言うだけで，生徒はやることを理解し，スムーズな活動ができるようになる。

> Do you like Japanese food?
>
> What Italian food do you like.
>
> Yes, I do.
>
> I like pizza.

❻❺を3〜4回行い，本時の「バラバラな質問でもすらすら答えられる」のトレーニングは終了となる。

留意点　「バラバラ質問」をさせることで，「相手の質問をよく聴き，その質問に合った答えを言う」ようにさせるためのステップである。

これが実は，次の「いろいろな質問に自分のことで答える」へのステップにもつながっていくのである。

⑤ 変化技3　さらに，質問する方も見ないで言う

　次に，「質問する人も，見ないで言いましょう」としてみる。すると，生徒はどういう反応を示すかというと，ジャンケンに負けた方が喜ぶのである。何せ，質問されたことに答えていけばいいからである。ジャンケンに勝つと，どのような質問があったのか，思い出して質問しなければならない。役回りとしては意外と大変なのである。

　しかし，この段階で，生徒は，「質問力を付ける」ことになる。

　この状態になると目線が上がり，生徒は会話をしているような感じになっていく。

　私は，英会話の力を付けるには，このような手順，目に見えないようなわずかなステップ＝スモールステップが大切だと考えるのである。

指導手順

❶ペアにする。

❷ジャンケンをさせ，勝った人は左側（質問），負けた人は，右側（答え）を読ませる。

❸40秒ほどしたら，ペアを変える。

❹上の❷❸を4〜5回繰り返しながら，「ジャンケンに負けた人は，見ないで言います」「ジャンケンに勝った人は『バラバラ質問』」などの変化を入れて，前時の授業を重ねる。（ここまでは，前回までと同じ流れ）

❺その後，「質問する人も見ないで言いましょう」と指示する。この段階になると，質問する人も答える人も顔が上がるようになっている。まるで会話しているかのようになるのである。この状態からが「すらすら英会話」の本当の活動になっていく。

❻❺を2〜3回行い，本時のトレーニングは終了となる。

留意点

　今まで「ジャンケンに負けた人は…」と言ってきたものを，「ジャンケンに勝った人も見ないで言います」と言うことで，ジャンケンに勝った人の，「あ〜」と悔しがる姿が見られる。

　質問に答える方が簡単なのである。

　この運試しが授業の楽しさを生む。

　さらにこのことで，どんな質問があったのかを思い出しながら，QA活動をすることになるのである。これが次のフリーな会話につながっていく。

　話題がなければ会話はできない。

　どんな質問があったのか，思い出すことは，話題を広げる練習でもあるのである。

⑥ 変化技4　いよいよ！答える方は自分のことで答えさせる

　ここにきて初めて,「自分のことで答えましょう」と指示する。

　もうここまでやれれば, 生徒のほとんどは, すらすらと答えられるようになっている。

　例えば, "Where did you go last Sunday?" と聞かれ, "I went to..." とすらすら出てくる段階になっているのである。

　あとは … の部分に, 自分の行った場所を入れるだけなので, すんなりいく。

　つまり, QA の会話が成立することになっていくのである。

　これが「すらすら英会話」の「ねらい」となる。

　既成の会話ですらすら言えるようになったら,「自分のことで」答えるようにさせるというスモールなステップが「すらすら英会話」なのである。

　もしこれが,「最初から自分のことで言ってみよう」となると, できる子とできない子の差が激しく, できない生徒が劣等感を味わうことになる。

　しかし, 繰り返し繰り返し, 既成の英文で変化を付け, 見ないで言ったりしながら, "I went to..." まで言えるようになっていると, あとは場所名を入れるだけなので, どの生徒も QA ができるようになっているのである。

指導手順

❶ペアにする。

❷ジャンケンをさせ, 勝った人は左側（質問）, 負けた人は, 右側（答え）を読む。

❸40秒ほどしたら, ペアを変える。

❹上の❷❸を4〜5回繰り返しながら,「ジャンケンに負けた人は, 見ないで言います」「ジャンケンに勝った人は,『バラバラ質問』」「質問する人も見ないで言いましょう」などの変化を入れ, 前時までの復習をしていく。（ここまでは, 前回までと同じ流れ）

❺その後,「ジャンケンに負けた人は, 自分のことで答えます」と指示する。

❻❺を2〜3回行い, 本時のトレーニングは終了である。

留意点

　ここで次の課題が見えてくる。それは, "Where did you go last Sunday?" と質問され, "I went to..." までは言えた。しかし, 肝心の行った先, 例えば,「遊園地」に行ったけど「遊園地」は何と言うのかがわからなかったら, コミュニケーションは成り立たない。でも逆に, I went to... で始められなくても, "Amusement park." と言えれば, コミュニケーションは成立する。

　そう考えると, 正しく文法で言えることよりも, 単語を知っていることの方が重要であると思うようになった。そこで, 私の実践に「すらすら英単語」が加わったのである。

⑦ 変化技5　試しに，相手の発言に相づちをうたせてみる

　ここまで来たところで，「相手の発言に相づちをうつ」ようにさせる。

　そのためには，「すらすら英会話」シートの下のところに，「ひとくち英語」を載せておき，意図的に使わせるようにする。もしくは，黒板によく使われる「ひとくち英語」をカードにして貼る。それだけで生徒は「相づち」をうつようになる。

　相手がひとこと言ったら，何か相づちをうつようにすると，単なるQAにならず，会話しているかのような感じになってくる。

指導手順

❶ペアにする。

❷ジャンケンをさせ，勝った人は左側（質問），負けた人は，右側（答え）を読ませる。

❸40秒ほどしたら，ペアを変える。

❹上の❷❸を4～5回繰り返しながら，「ジャンケンに負けた人は，見ないで言います」「ジャンケンに勝った人は，バラバラ質問」「質問する人も見ないで言いましょう」「自分のことで答えます」などの変化を入れていく。（ここまでは前回までの流れと同じ）

❺その後，「今度は，相手がひとこと言ったら，"Really?"とか，"Me too.", "I see."などの相づちをうちましょう」と指示する。（何でもいいからひとこと言わせる。）

> 例）　質問する人：Do you have any pets?
> 　　　答える人　：Yes, I do.
> 　　　質問する人：Oh, really? What sports do you like?
> 　　　答える人　：I like basketball.
> 　　　質問する人：Me too.

❻❺を2～3回行い，本時のトレーニングは終了となる。

留意点

主に使える相づちには，次のようなものがある。
①Really?（本当？）　②Me too.（私も）　③I see.（わかった！）　④I don't know.（わからない）　⑤Well...,（えーと）　⑥Pardon?（もう一度言って）　⑦That's nice!（いいね）　⑧That's not bad.（悪くないね）　⑨Nice work!（やったね）　⑩Why?（なんで？）　など

Chapter 1
2 生徒の思考力を鍛える！ すらすら英会話のやり方
[進化技]

変化技があれば，「進化技」もある。ただ，これはかなり難しい「進化技」となる。
だから十分この「すらすら英会話」に慣れ，「生徒から英語がよく出てくるようになったなぁ」と思ってきた頃に，この進化させた活動をやってみるとよい。

1 進化技1 QAAで答える

「すらすら英会話」はいわゆる生徒同士の「QA活動」である。
それを「QAA活動に変えてみよう」というものが，進化技である。
つまり，ジャンケンに勝った人が質問をする。
負けた人は答える。
さらに，負けた人は答えた文にプラスして，1文言わなくてはいけない。
例えば，

　　A：What did you do last night?
　　B：I studied English.
　　　　I was very tired.

のように，答えたら1文を足すようにするのである。

指導手順

❶ QAA活動について説明する。「今まではQAで終わっていました。今日は，QAA（板書：QAA）をやります。相手が質問したら答えます。その後，何か1文足してください。例えば，"What did you do last night?" と質問され，"I studied English." と答えたとします。その後，1文足します。"I was very tired." のように1文足すのが，QAA活動です」
❷ ペアにする。
❸ ジャンケンをさせ，勝った人は左側（質問），負けた人はQAAで答えさせる。
❹ 40秒ほどしたら，ペアを変える。
❺ 上の❷❸を4～5回繰り返したら，トレーニングは終了である。

留意点
　　　　　　「思考力・判断力・表現力等」という文言がある。とかく英語は「考えることをさせない」と言う。この「すらすら英会話」でも，決まりきった定型の会話文を繰り返すのみで，機械的な繰り返し活動になってしまうところがある。そこでこの活動を取り入れることで，何と言おうか考えることになる。ここで思考力が鍛えられる。考えさせることができるのである。

② 進化技2　QAAA で答える

それができたら,「今度は,QAAA で答えます」とする。
これは,かなり難しい。
でも,あえて言う。
QAAA くらいまでは半分くらいの生徒はできる。
無理やり考えて言う。
さらに練習を積むと,もっと多くの生徒ができるようになる。
また,これをそのまま定期テストに出す。

[問題]　次の質問に QAAA で答えなさい。

（1）Q：What did you do last night?

A ①＿＿＿＿＿＿＿＿＿＿＿＿＿＿＿＿＿＿＿＿＿＿＿＿＿＿＿＿＿＿＿＿＿＿

A ②＿＿＿＿＿＿＿＿＿＿＿＿＿＿＿＿＿＿＿＿＿＿＿＿＿＿＿＿＿＿＿＿＿＿

A ③＿＿＿＿＿＿＿＿＿＿＿＿＿＿＿＿＿＿＿＿＿＿＿＿＿＿＿＿＿＿＿＿＿＿

すると「書く力」を測ることができるのである。

指導手順

❶ QAAA 活動について説明する。「今日は,QAA…A に挑戦します。質問に答えたら,AAA で答えます。つまり3文言います」
❷ペアにする。
❸ジャンケンをさせ,勝った人は左側（質問）,負けた人は QAAA で答えるようにする。
❹40秒ほどしたら,ペアを変えていく。
❺上の❷❸を4〜5回繰り返したら,トレーニングは終了である。

留意点　この3つ目の A の時に,How about you? などの Q にしてしまう生徒が出てくる。そこで Q ではなく,自分の思いや考えなどをあくまでも伝えさせる。それが考える力にもなる。

③ 進化技3　QAAAQにする

次に，QAAAQとしてみよう。

ジャンケンに負けた人は，まず質問に答える。

答えたら，2文足し，最後に1つ質問をするようにする。

質問された相手は，1つ答えて，その後，2文足すのである。

そして最後にまた，相手への質問を1つする。

このように，お互いに，QAAAQで返していくので，「永遠」に会話が続くようになる。

　　A：What did you do last night?（Q）

　　B：I studied English.（A）

　　　　I was very tired.（A）

　　　　I went to bed at 10 o'clock last night.（A）

　　　　What time did you go to bed last night?（Q）

　　A：I went to bed at 11:30 last night.

　　　　I watched TV.

　　　　It was interesting.

　　　　（略）

よく「2分間英語を話させたい」と願うことがあるとは思うが，このQAAAQのようにしてしまえば，教師が「2分間話しなさい」と指示しなくても，生徒は話題を探し，会話を続けようとするのである。

What did you do last night?

I studied English.
I was very tired.
I went to bed at 10 o'clock last night.
What time did you go to bed last night?

Chapter 1
3 すらすら英会話プリントの保存法

　プリントを配る。
　生徒はそのプリントをどうするか。
　「すらすら英会話」の紙は毎時間使うので，私は表紙の裏に貼らせるようにする。
　次の紙はその上に貼っていく。
　上に糊を付け，めくれば，前のプリントを見ることができる。
　実際，英会話で忘れてしまった表現があった時には，プリントをめくって，「ああ，こう言うんだっけ？」とヒントにしている生徒がいた。
　言ってみれば，英会話の索引のようなものである。
　ちなみに，裏表紙の裏には何を貼るか。
　そこには，「すらすら英単語」を貼っていく。(「すらすら英単語」とは、「書けなくてもいいから、言える単語を増やそう」というコンセプトのもと，左側に日本語，右側に英語が書いてあるプリントである。中学３年間で2000語を扱うことを目標にしている。)
　こちらは，和英辞典代わりに生徒は使っていた。

こちら側に「すらすら英会話」
↓

こちら側には「すらすら英単語」
↑

Chapter 1
4 すらすら英会話の活用法

　学習したら，活用させなくてはいけない。
　学習指導要領では，"活用力"が１つのキーワードになっている。
　意図的に"活用"させていこう。
　では，どのように活用場面を作るのか。
　私は，「すらすら英会話」が終わって，生徒が机を前に向けた後，"Do you have any questions for me?"（何か質問はありませんか）と言う。
　すると生徒が手を挙げて，
"What did you do last night?"
と聞いてくる。 
　そこで，私が，
"I studied."
と言う。
　他の生徒が手を挙げて，私が指名する。
　すると，"What subject did you study?"と聞いてくる。
　そこで"Of course, I studied English."とテンポよく答えていくようにする。 
　他の生徒がすぐに手を挙げ，"Are you happy?"と聞いてくる。そこで，私が，"Yes, I'm happy."と言うと，別の子が"Why?"と聞いてくる。私は答える。"No reason."
　このようにして，約２分程度，生徒は何でもいいから質問を教師に投げかける時間をとる。このことで，生徒がどの程度，英会話を身につけ，とっさに使える状態になっているのか判断することができる。
　どうも英語の授業では，教師から生徒へ質問する方が多い。いや，ほとんどそうではないだろうか。私は教師から生徒への質問だけでなく，生徒から質問を出させる授業が，双方向の授業となり，授業に立体感をもたらすという思いがある。
　ちなみに，生徒には質問したり，誰かが何かを言って，"Really?" "Me too." "I see."などと英語で相づちをうったり，英語を話したりすると，得点を塗っていくことができる「ポイントカード」がある。
　この「ポイントカード」も教室内に英語が飛び交うようになるための一種の教具である。

ポイントカード例

Travel in Europe
[200 points]

Chapter 1
5 すらすら英会話の指導計画

　さて，ここまで読まれた先生の中には，いったい同じプリントをどのくらい続けるのかと，疑問に思う方もいらっしゃるかと思う。
　これは，目の前の生徒の様子を見て，十分できているか，あるいはまだ不十分なのかを見極めることが大切だと思うが，だいたい5〜7時間で，十分ではないかと考える。
　つまり，そのレッスンで学習している間，同じワークシートを続けるのである。
　そして，学期に1度は，インタビューテストをする。
　チェックを入れるのである。
　1分間と時間を区切り，教師が質問する。
　生徒が答える。
　1分間で，何問答えることができるかを数える。
　学期の終わりには，その学期で習ったことの総復習を扱う。
　1年間で100個程度の英語は，すらすら答えられるようにしたいと思う。

指導計画	内　　容	時　間
第1時	「すらすら英会話」を配付→音読→ペアでQA	10分
第2時	「すらすら英会話」に慣れる	5分
第3時	ジャンケンに負けた人は見ないで言う	5分
第4時	バラバラに質問されたことにすらすら答えられる	5分
第5時	ジャンケンに勝った人も見ないで言う	5分
第6時	自分のことで答える	5分
第7時	QAAに挑戦する	5分

　どうぞ実践していただき，その効果をお試しいただきたい。
　ちなみに，この活動を続けていくと，ある時生徒に「飽き」が来る。
　しかし，そこを何とか頑張って乗り越えることで，生徒の会話力が飛躍的に伸びる。
　ただ，その「飽き」の部分で，小休止をし，また，再開するという手もある。
　方法は1つではない。
　いろいろな方法をお試しいただきながら，生徒の会話力を高めていってもらえたら，と思う。

Chapter 1

6 すらすら英会話のテストと評価法

①　インタビューテスト

　私の場合，話すことの評価は，中間テストの時の「インタビューテスト」と期末テストの時の「スピーチ」の大きく2つの場面でしている。
　もちろん授業中の観察も行う。
　話すことの評価は，紙の上ではできないからである。
　実際に話させてみないと，話す力があるのかどうかはわからない。
　私は「すらすら英会話」にある質問を生徒に1分間，質問し続ける。
　それで，生徒が何個正確に答えられたかで評価することにする。
　だいたい1分間で，17個くらいの質問には答えられる。
　そこで17個程度ならA。
　10個ならB。
　20個ならAA。
　このようにおおざっぱに評価するだけである。
　もちろん，1分間にこれだけの量であるから，私も早口で言うようにする。
　やり方は，「指名なしテスト」である。
　私は机といす，「すらすら英会話」の紙，そして氏名箋を持って，廊下に出る。
　教室では生徒は「すらすら英会話」の紙を見ながら練習をしている。
　時には，友達とペアで練習している生徒もいる。
　そして，すらすら言えるようになったと思う生徒から，廊下に出てインタビューテストを受けに来るのである。
　もちろん自分のことで答えさせる。
　時間は50分授業でも，前後5分を取られると考えると40分間。
　1人1分なので，40人いれば，ギリギリの時間である。
　その時間にできなかった生徒は，話すことの評価はゼロであることを伝える。
　多少はおまけをしたり，延長することもあり得るが，基本的には上記のようにしている。
　終わった生徒は「英単語100問」などの課題を出しておき，遊ぶようなことがないように工夫する。
　さらに，時々，教室をのぞきながら，「終わった人は課題をやっていますか？」「あと15分です」のように生徒の様子を確認する。
　「すらすら英会話」が評価につながり，存在価値も生まれる。

②　少人数指導における ALT との会話

　10〜12名ほどの少人数指導での授業の話である。

　前半に「話す」「聞く」また「教科書を扱った授業」をした後，プリントで学習内容を確認したり，習熟させたりする場面がどうしても授業では必要になる。

　そんな時，ALT は何をしているだろうか。

　ALT は暇になってはいないだろうか。

　生徒にプリントをさせている間，ALT が暇になってしまうので，私は教室の後ろに机といすを配置し，ALT はそこに座ってもらうようにした。

　私が生徒の名前を読み上げると，その生徒は ALT のところに行って，1対1で対話をする。

　生徒は「すらすら英会話」のファイルを持って行ってよいとしている。

　とにかく ALT と2人だけにするのである。

　そういう場面に追いやる。

　時間は3分間。

　その間，何とか ALT との会話を続けなくてはいけない。

　これは，生徒にとってはとてもよい経験になる。

　3分間，外国人と2人だけの空間になるのだから。

　海外に行った時と同じような環境に生徒を追い込むのである。

　私は時に，このような時間があってもよいのではないかと思っている。

　そういう経験を生徒にさせ，そのような状況を乗り切ることができるためのサバイバル英語も身につけさせていかなくてはいけないとも思う。

③ 「すらすら英会話」のライティング

「すらすら英会話」は多方面に応用可能である。
　真ん中にある点線で折ると，質問の方だけを見て，1人でも練習できる。

また，ノートを開き，そこにある質問の答えをノートに書いていけば，ライティングになる。

折ったところを開けば，自分1人でも答え合わせができる。
口頭で言ったものを書いてみると，記憶に残りやすくなる。
書くということはとても大切な学習なのである。
さらに，「自分のことで書いてみる」と，自己表現になる。
ファイルに貼っている場合は，点線より右側を何かで隠せば自分1人でも勉強ができる。
自分1人でもできる「自学型」として活用もできるのである。

④ 「すらすら英会話」のテスト法1

　英語の定期テストには「外国語表現の能力」を問う問題を出題するだろう。
　この「すらすら英会話」をそのまま使うことができる。
　生徒には「『すらすら英会話』からも出るよ」と伝えておけば，生徒は「すらすら英会話」を勉強してくるだろう。
　存在意義も生まれてくる。
　よいテスト問題とは，テストをやることで，生徒に英語の力が付いていく問題である。
　また，テスト勉強をすることで，生徒に力が付くような問題である。
　単に評価のためだけのテストではない。
　テストがあるから，そのテストに向けて勉強をする。
　勉強をするから力が付く。
　そんなテスト内容にしたい。
　テストに「すらすら英会話」の質問を入れてみよう。
　生徒は必然的に練習をしてくるだろう。
　テスト前に，練習することで，さらに力が付いていくのである。
　このように授業で力を付け，家で力を付け，そして，テスト前に力を付ける。
　例えば下のようなテストができるだろう。

【外国語表現の能力】(20点)

[問題1]　次の質問にあなた自身のことで英語で答えなさい。(各2点×3＝6点)

① What will you do tonight?

_____

② What do you like to do in your free time?

_____

③ Why do you come to school?

_____

⑤「すらすら英会話」のテスト法2

また,「すらすら英会話」をQAAで出題することもできる。
生徒は,考えるようになる。
「思考力・判断力・表現力等」が鍛えられる。
事前に,「こんな問題が出ますよ」と言って,予想問題を出してあげてもよい。
何か1文足す。よい勉強になるはずだ。

【外国語表現の能力】(20点)

[問題1] 次の質問にあなた自身のことで英語で答えなさい。ただし,答えたら1文,何か足しなさい。(QAA) (各4点×3＝12点)

① Have you ever been to Hawaii?
_____
_____

② How long have you lived in this town?
_____
_____

③ Have you used your pencil-case for a long time?
_____
_____

　1文2点で計算をする。
　評価基準は,多少のスペリングミスは,1〜2年,3年の1学期まではよしとする。
　3年生後半には,入試があることを考え,スペリングミスがないように,確かな語彙で書くように言う。それまでは,生徒の表現したいという気持ちに重きを置くようにしたい。
　文法のミスも同様である。
　多少はよしとする。
　しかし,「主語＋動詞の語順ができていない場合・名詞の前に冠詞がない場合・時制が正しくない」場合の3点については,学年が上がるにつれ,厳しく減点していく。

Chapter 2

中学1年で身につけたい「すらすら英会話」

Chapter 2
1 一般動詞を使ったすらすら英会話

　中学1年生の入門期。ある程度英語を学習したら，今まで学習したことを振り返らせながら，「これだけはすらすら言えるようになりたいQA集」として配付してみよう。これが，「すらすら英会話」のスタートになる。

主な文法事項	一般動詞，What 〜 do you ...?，基本会話
	・Do you like 〜? ／ Do you have 〜? ／ Do you play 〜? など
	・What 〜 do you like? ／ What 〜 do you play? ／ What 〜 do you have? など
	・How are you? ／ I'm fine thank you. And you? ／ I'm fine too thank you.
実施時期	中学1年　5〜6月頃
留意点	ある程度，教科書などで会話表現を学んだ後に，「どのくらい英会話ができるかな」と，今までの会話の総まとめを行う形で始めたい。さらに，「すらすら英会話」のスタートとして，「やり方」や「ファイルへの保存方法」などを丁寧に指導する。
活動時間	初回10分，2回目以降，授業開始時5分
活動回数	およそ7〜8時間

授業づくりのヒント

なんで自己評価欄を作るの？

　私は時々，ワークシートに自己評価欄を載せることがある。
　自己評価欄を作り，評価させることで，その時その時の教師のねらいが明確になる。
　例えば，「相手の目を見て会話ができましたか」と書く。
　それを生徒に自己評価させることで，それが教師の"隠れ指示"となり，必然的に，「相手の目を見ながら会話をしましょう」という"指導"になっているのである。
　さらに，この自己評価を連続して行っていくと，生徒の心の中にも，
「そうだ。相手の目を見てやるんだっけな」
「後で自己評価をやるんだな」
という思いが生まれる。
　そこに自己評価のよさがある。
　また，観点別評価の「コミュニケーションへの関心・意欲・態度」の累積評価としても，自己評価は有効に働く。

中学1年 すらすら英会話

一般動詞を使ったすらすら英会話

① Hi, how are you?
　I'm fine too thank you.

② Do you play soccer?

③ Do you play baseball?

④ Do you play tennis?

⑤ What sports do you play?

⑥ Do you like Japanese food?

⑦ What Japanese food do you like?

⑧ Do you like natto?

⑨ What Chinese food do you like?

⑩ What Italian food do you like?

⑪ Do you have any pets?

⑫ What pet do you have?

⑬ Thank you very much.

① I'm fine thank you. And you?

② No, I don't.

③ No, I don't.

④ No, I don't.

⑤ I play basketball.

⑥ Yes, I do.

⑦ I like katsu-don.

⑧ Yes. I love it.

⑨ I like gyoza.

⑩ I like pizza.

⑪ Yes, I do.

⑫ I have a dog.

⑬ See you.

自己評価してみよう　◎ よくできた　〇 まあまあ　△ まだまだ

項目	日にち						
	/	/	/	/	/	/	/
① 相手の目を見て会話ができましたか。							
② 大きな声で言えましたか。							
③ すらすらと言えるようになりましたか。							

Chapter 2

2 be 動詞を使ったすらすら英会話

　今回は，be 動詞を使った「すらすら英会話」である。be 動詞を使った会話では，このような英語が普段も生徒との間で交わされるだろう。これらの表現に慣れ親しませながら，生徒と英会話を楽しもう。

主な文法事項	be 動詞（肯定文・疑問文） ・Are you a good volleyball player? ・Are you a high school student? ・Are you hungry?
実施時期	中学1年　5〜6月頃
留意点	分量をあまり多くせず，会話シートへの抵抗感をなくすようにする。そして，時には感情を込めて教師が範読しながら，会話の楽しさを味わわせ，その楽しさを醸し出したい。また，"No."と答えた時には，会話が続くように，1文足す習慣を付けさせていきたい。
活動時間	初回10分，2回目以降，授業開始時5分
活動回数	およそ7〜8時間

授業づくりのヒント

「上手ですか？」「上手ですね」と言われたら…

　日本人はとかく謙遜の民族である。例えば「あなたはサッカーは上手なの？」と聞かれると，謙遜の精神が芽生え「まだまだです」とか「そうでもありません」と答える。しかし，外国人と話す時は，自分をアピールする意味でも，"Yes. I started playing soccer when I was five."（はい。5歳の時からサッカーをやっています）などのように，少し大きなことを言って，自分をアピールできるとよい。

　そこで，私はあえて中学1年生で，Are you a good ～ player? というような英文を「すらすら英会話」に入れ，学年に応じて，その答え方について繰り返し指導するようにした。

　また，"You speak English very well."（英語を上手に話しますね）や "Your English is excellent."（英語，上手ね）などと言われた時も，"No, no, no. I can't speak English."（ダメです。英語は話せません）などと言うのではなく，"Thank you."（ありがとう）などのように言わせたい。

　教師の願いとして，こんなことも「すらすら英会話」の基本表現に入れて習熟させていってはどうだろうか。

中学1年 すらすら英会話

be 動詞を使ったすらすら英会話

① Hi, how are you?
　I'm great.

① I'm good. ／ I'm sleepy. ／ I'm hungry.
　How about you?

② Do you play any sports?

② Yes, I do.

③ What sports do you play?

③ I play volleyball.

④ Are you a good volleyball player?

④ Yes, I am.

⑤ Are you a high school student?

⑤ No, I'm not.
　I'm a junior high school student.

⑥ Are you Ken?

⑥ No, I'm not. I'm Mari.

⑦ Are you happy?

⑦ Yes, I am.

⑧ Are you hungry?

⑧ No, I'm not. I'm full.

⑨ Are you from Osaka?

⑨ No, I'm not. I'm from Chiba.

⑩ Are you a fan of Arashi?

⑩ Yes, I am.

⑪ Who do you like?

⑪ I like Sakurai Sho.

⑫ Are you 13 years old?

⑫ No, I'm not. I'm 12.

⑬ Thank you so much.

⑬ See you.

自己評価してみよう　◎ よくできた　○ まあまあ　△ まだまだ

項目	日にち						
	／	／	／	／	／	／	／
① 相手の目を見て会話ができましたか。							
② 大きな声で言えましたか。							
③ すらすらと言えるようになりましたか。							

Chapter 2
3 Is this ～? を使ったすらすら英会話

　今回は，Is this ～? ／ Is that ～? ／ What's this? ／ What's that? など，be 動詞の is を使っての「すらすら英会話」である。QA の数も13個程度なので，生徒の負担も少ないだろう。これらの質問にはすらすら答えられるように，また，Is this ～? Is that ～? の時は，Yes, it is.（No, it isn't.）で答えることを徹底して指導したい。

主な文法事項	be 動詞（肯定文・疑問文） ・Is this your pen? ／ Is that your desk? － Yes, it is. ／ No, it isn't. ・What's this? ／ What's that? － It's ～.（単数） ・What are these? ／ What are those? － They are ～.（複数）
実施時期	中学1年　5～6月頃
留意点	Is this～? の質問をたたみかけることで，答え方をきちんと押さえたい。 また，Here you are. － Thank you. － You're welcome. の会話パターンを指導し，無言で物を渡したりすることのないようにする。今回は，this ／ that の複数形のパターン　What are these? ／ What are those? も入れてあるので，難しい場合は，9番，10番は，×でもして，練習させなくてもよい。
活動時間	初回10分，2回目以降，授業開始時5分
活動回数	およそ7～8時間

授業づくりのヒント

「すらすら英会話」は教室内英語を，意識している！

　「すらすら英会話」の大きなねらいは，「100個程度の基本的な質問にはすらすら答えられるようにする」ということがコンセプトであるが，もう1つの思想は，「教室内で使える英語を身につけさせる」というものである。子どもたちの英語空間は教室である。（実際に英語を使う空間は，およそ教室内であろう。）教室内の英語の授業で使えるような表現を入れておくことが，もう1つの「すらすら英会話」のねらいでもある。今回の場合，人に物を渡す場面がある。授業中も生徒に英語で言わせたい。

　A：Is this your eraser?　B：Yes. It's mine.
　A：Here you are.　　　　B：Thank you.
　A：You're welcome.

「すらすら英会話」で一度教えてあるので，「ほら，『すらすら英会話』でやったでしょ」「その表現を使えばいいんだよ」と，実体験を伴わせる。

中学1年 すらすら英会話

Is this 〜? を使ったすらすら英会話

① Hello.

② Is this your pen?

③ Is this your notebook?

④ Is this my chair?

⑤ Is that your desk?

⑥ Whose pen is this?

⑦ What's this?

⑧ What's that?

⑨ What are these?

⑩ What are those?

⑪ Is this racket new?

⑫ Is this a toy or an eraser?

⑬ Here you are.
　　You're welcome.

① Hello.

② Yes, it is. It's mine.

③ No, it isn't. It's Ken's.

④ Yes, it is. It's yours.

⑤ No, it isn't.

⑥ It's Yumi's.

⑦ It's a pencil-case.

⑧ It's a UFO!

⑨ They are markers.

⑩ They are snakes!

⑪ No. It's old.

⑫ It's an eraser.

⑬ Thank you.

自己評価してみよう ◎ よくできた　○ まあまあ　△ まだまだ

項目	日にち						
	/	/	/	/	/	/	/
① 相手の目を見て会話ができましたか。							
② 大きな声で言えましたか。							
③ すらすらと言えるようになりましたか。							

Chapter 2
4 ３人称単数現在形を使ったすらすら英会話

　今回は，３人称単数現在形の「すらすら英会話」である。どちらかと言うと２人称は作りやすいが，３人称になると作ることが難しい。いきなり固有名詞も使えないし，その後に生徒の発展した会話にもっていかなくてはいけない。そこで，今回のような会話シートになった。

主な文法事項	３人称単数現在形，How many ～？／Do you ～？（振り返り） ・Does your brother play any sports? ・What sports does he play? ・How many comic books does he have?
実施時期	中学１年　９月頃
留意点	「習うより慣れろ」とは名言である。この３人称単数も，学習したら，できるだけ使う場面を教師が作り出し，教師自らが生徒にDoes ～？で質問していく。そして，答え方を確認させ，Do you ～？との違いや使い分けをきちんと練習し，正しく答えられるようにさせたい。
活動時間	初回10分，２回目以降，授業開始時５分
活動回数	およそ７～８時間

授業づくりのヒント

「すらすら英会話」のその後につなげる

　「すらすら英会話」は，そこに出ている表現だけがすらすら言えればよいのではない。
　その後のコミュニケーション活動につなげなければ意味がない。
　今回の３人称単数現在形では，Does your brother play any sports? のところになる。これでは，実際，生徒に兄弟がいない場合は，使えない。そこで，下のようにアンダーラインを引いておいて，そこにはいろいろな語彙が入るように，仕掛けておく。
　最初の５～６回は，このシートの通り読んでいくが，そのうち，「自分のことで言いなさい」とした時に，下線部を引いておき，「下線部の語は，場合によっては他の語彙に変えて言いなさい」と言っておく。例えば生徒がこのように語を変えて，変化・応用できれば，その生徒は中学１年生としては，かなり優秀である。

> A : How many <u>sisters</u> do you have?　　B : I have 2 sisters.
> A : Does your <u>sister</u> play any sports?　　B : Yes, she does.
> A : What sports does <u>she</u> play?　　B : She plays tennis.
> A : Is she a good <u>tennis</u> player?　　B : Yes, she is.

中学1年 すらすら英会話

3人称単数現在形を使ったすらすら英会話

① Good morning, Takeru.
① Hi, Satoko.

② Do you have any brothers?
② Yes, I do.

③ How many brothers do you have?
③ I have one brother.

④ Does your brother play any sports?
④ Yes, he does.

⑤ What sports does he play?
⑤ He plays soccer.

⑥ Is he a good soccer player?
⑥ Yes, he is.

⑦ Does your brother live in Tokyo?
⑦ No, he doesn't. He lives in Osaka.

⑧ Do you have any sisters?
⑧ Yes, I do. I have one sister.

⑨ Does your sister play tennis?
⑨ No, she doesn't. She plays volleyball.

⑩ What Japanese food does your brother like?
⑩ He likes udon.

⑪ Does your brother have any comic books?
⑪ Yes, he does.

⑫ How many comic books does he have?
⑫ A hundred!

⑬ So many? Good bye!
⑬ Bye!

自己評価してみよう
◎ よくできた ○ まあまあ △ まだまだ

項目	日にち						
	/	/	/	/	/	/	/
① 相手の目を見て会話ができましたか。							
② 大きな声で言えましたか。							
③ すらすらと言えるようになりましたか。							

Chapter 2
5 When を使ったすらすら英会話

いよいよ今回から疑問詞になる。これも，When do you ～? の質問に慣れ親しみ，すらすら答えられるようにたたみかけたい。また，動詞の部分を変えても答えられるように，授業では個々の生徒に合った質問を投げかけるようにしたい。

主な文法事項	疑問詞の When ・When do you go to juku? ・When do you take a bath? － I take a bath before dinner. ・When is your birthday? － My birthday is January 19th.
実施時期	中学１年　10月頃
留意点	When ～? は「いつ」を問うので，After dinner. という言い方も教えたい。また，ボトムな課題として，When is your birthday?（あなたの誕生日はいつですか？）の質問には，すらすらと答えられるようにさせたい。
活動時間	初回10分，２回目以降，授業開始時５分
活動回数	およそ７～８時間

授業づくりのヒント

英語は使わないと忘れる！

言葉は，使わないと忘れる。
だから，覚えておくコツは，何度も何度も英語に触れることである。
接する機会を多く持つことで，安定した定着を保障することになる。
英単語も何度も出てくる語は覚えるが，３年間で教科書に１回しか出てこない語は，生徒の記憶に残りづらい。
「すらすら英会話」は，習った表現を何度も繰り返し，どんな時でも，使えるような状態にしておくということが，ねらいとなる。
今回の When do you ～? の会話では，生徒と会話しそうな場面を想定して，「塾」を取り上げた。塾に行っていない生徒の答えは，No, I don't. となる。そして，その後の When do you do your homework? という質問につなげていけばよい。
中国のことわざに「聞いたことは忘れる」「見たことは覚える」「体験したことは身につく」というものがある。まさしく，英語体験をさせ，習った英語を使って表現する「使い方」を生徒に教えたいものである。

中学1年 すらすら英会話

When を使ったすらすら英会話

① Hi, Maki.

② When is your birthday?

③ When is kodomo no hi, Boy's-Day?

④ Do you go to juku?

⑤ When do you go to juku?

⑥ What do you study at juku?

⑦ When do you eat dinner?

⑧ When do you take a bath?

⑨ When do you do your homework?

⑩ Do you have a dog?

⑪ When do you walk a dog?

⑫ When is hinamatsuri, Girl's-Day?

⑬ Thanks for talking!

① Hello, Kenji.

② My birthday is January 19th.

③ It's May 5th.

④ Yes, I do.

⑤ I go to juku on Mondays and on Fridays.

⑥ I study math and English.

⑦ I eat dinner after juku.

⑧ I take a bath before dinner.

⑨ I do my homework after dinner.

⑩ Yes, I do.

⑪ I walk a dog in the evening.

⑫ It's March 3rd.

⑬ My pleasure!

自己評価してみよう ◎ よくできた ○ まあまあ △ まだまだ

項目	日にち						
	/	/	/	/	/	/	/
① 相手の目を見て会話ができましたか。							
② 大きな声で言えましたか。							
③ すらすらと言えるようになりましたか。							

Chapter 2

6 What time ～? を使ったすらすら英会話

　今回は，小学校外国語活動でも学習している What time do you ～? ／ What time is it now? を扱った「すらすら英会話」である。この What time do you ～? に関しては，多少面倒でも，usually（たいていは）という語と共に用いたい。

主な文法事項	時間を尋ねる　What time do you ～? 時刻を尋ねる　What time is it now? ・What time do you usually get up? － I usually get up at 6:30. ・What time do you usually go to bed? － I usually go to bed at 9:00. ・What time is it now? － It's 7:11.
実施時期	中学1年　10月頃
留意点	「何時」と「何時に」の違いを教える。例えば，「6時に」は，at six と，at が付く。しかし，「今，6時です」という時は，It's six. となる。このように前置詞の at の有無を指導する。また発音では，What の t と次の time の t が重なって，「ホワッ タイム」となる音の連結についても指導したい。
活動時間	初回10分，2回目以降，授業開始時5分
活動回数	およそ7～8時間

授業づくりのヒント

生徒の行動を予測する！

　教師力に必要な要素として，「生徒の行動を予測する力」がある。「生徒の行動を予測する」とは，授業崩壊に至らないための大事な視点である。例えば，授業でこう言うと生徒はこんな反応をするだろうな，反抗的な生徒は，こういう態度を取ってくるだろうな，と教師が生徒の行動を「先に」予測するのである。私は今，小学校勤務である。小学生はすぐに聞いてくる。「先生。終わったら何をするんですか？」。そんな時は「教科書をノートに写します」のように言えなくてはいけない。しかし，「今からテストをします。終わった人は3回見直しをします。それでも間違いがないなぁと思ったら，2つに折って，静かに読書をします」と言えればもっとよい。さらに「机の中に本が入っていない人？」とつめる。そして「今のうちに机の中に入れておきます」と言う。これをやらないと，テスト中，本箱に向かって生徒が立ち歩くことになるので，それは避けたい。でも「読む本がありません」と言ってくる生徒がいる。私は次のように言う。「読む本がない人は，道徳の本を読みます」。教師は答えを持っていなくてはいけない。このように生徒の行動を予測すると安定した授業になる。

中学1年 すらすら英会話

What time ～? を使ったすらすら英会話

① Hi, how are you?
　I'm fine.

① I'm good. And you?

② What time do you usually get up?

② I usually get up at 6:30.

③ What time do you usually go to bed?

③ I usually go to bed at 9:00.

④ What time do you leave home*?

④ I leave home at 7:30.

⑤ What time do you go home?

⑤ I go home at 6:00.

⑥ What time is it now?

⑥ It's 7:11.

⑦ Do you study every day?

⑦ Yes, I do.

⑧ What subject do you study?

⑧ Of course I study English.

⑨ What time do you usually eat dinner?

⑨ I usually eat dinner at 7:00.

⑩ What time do you eat lunch?

⑩ I eat lunch at 12:40.

⑪ What time do you wake up?

⑪ I wake up at 6:15.

⑫ What time do you sleep?

⑫ I sleep around 11:00.

⑬ Thanks for talking!

⑬ I enjoyed talking with you.

*leave home 家を出る

自己評価してみよう　◎ よくできた　○ まあまあ　△ まだまだ

項目	日にち						
	/	/	/	/	/	/	/
① 相手の目を見て会話ができましたか。							
② 大きな声で言えましたか。							
③ すらすらと言えるようになりましたか。							

Chapter 2
7 What＋名詞 ～？を使ったすらすら英会話

　What ～ do you? の質問も結構利用できる。これは，答えるだけでなく，話題を膨らませる時の質問として，有効に働く。特に今回は，What kind of ～という表現を「すらすら英会話」に入れた。教科書に出てこなくても，日常使う表現はこのように「すらすら英会話」の中に入れて，指導しておきたいからである。

主な文法事項	What＋名詞＋do you ～？ ・What color do you like? ・What subject do you like? ・What kind of music do you listen to?
実施時期	中学1年　10月頃
留意点	What ～ do you... という語順をきちんと指導する。 整序作文などで，正しい語順で英語を使えるか確認する。
活動時間	初回10分，2回目以降，授業開始時5分
活動回数	およそ7～8時間

授業づくりのヒント

生徒の間違いNo.1が，「What＋名詞」の語順である！

　何年も英語教師をやっていると気付くであろうが，生徒は次のようなありえない間違いをする。"What do you like color?" なぜこのような語順になるのだろうか。「あなたは何色が好きですか？」と，「あなたは」が来てから「色」が来るからだろうか。それとも，What do you like... と，Whatの次に，do you... が来ることに，生徒は慣れ親しんでいるのだろうか。

　私はここがよく理解できていない。苦肉の策で，訳す時，「あなたは何色が好きですか？」とはせず，「何色があなたは好きですか？」と，「何色が」を先に訳すようにしている。これなら，日本語の語順と英語の語順が重なる。

　同様に，What Japanese food do you like? も「どんな日本食があなたは好きですか？」と訳す。What sports do you play? も「どんなスポーツをあなたはしますか？」となる。

　大事なのは「書かせる」ということである。

　「書くこと」によって，「確認」ができる。

　正しく言えていたのか，語順は正しいのか，目で見て確認ができるのである。

　だから，この What＋名詞＋do you ～？は，書かせるところまでやり，その語順を確認したい事項である。

中学1年 すらすら英会話

What ＋名詞 〜?を使ったすらすら英会話

① Good morning, Hiroshi.
① Hi, Ayuko.

② What day is it today?
② It's Monday.

③ What is the date today?
③ It's October 9th.

④ What color do you like?
④ I like blue.

⑤ What subject do you like?
⑤ I like English and P.E.

⑥ What Japanese food do you like?
⑥ I like sushi and udon.

⑦ What TV program do you watch?
⑦ I watch "Sazae-san" and "Shoten" on Sundays.

⑧ What sports do you play?
⑧ I play volleyball.

⑨ What season do you like?
⑨ I like summer.

⑩ What kind of music do you listen to?
⑩ I listen to pop music.

⑪ What kind of book do you read?
⑪ I read suspense stories.

⑫ What do you want for your birthday?
⑫ I want basketball shoes.

⑬ See you!
⑬ Bye!

自己評価してみよう ◎ よくできた ○ まあまあ △ まだまだ

項目	日にち						
	/	/	/	/	/	/	/
① 相手の目を見て会話ができましたか。							
② 大きな声で言えましたか。							
③ すらすらと言えるようになりましたか。							

Chapter 2
8 How ~? を使ったすらすら英会話

　How も，いろいろな語とくっ付いて，いろいろな意味に変化する。ただ，基本的な意味は，「どのように」である。How old で，「どのくらい古い」（＝何歳）となり，How far で「どのくらい遠い」（＝距離はどのくらい）となる。How tall で，「どのくらい高い」となり，背の高さを尋ねたり，建物の高さを尋ねることができる。

主な文法事項	疑問詞の How
	・How do you come to school?
	・How far is it from here to your house?
	・How long does it take from here to your house?
	・How old are you?　など
実施時期	中学1年　11月頃
留意点	How のもともとの意味から，How far ／ How long ／などの意味を類推させるようにする。距離を尋ねたり，どのくらい時間がかかるかなどは少し難しいが，ここで一気に覚えさせ，覚えた後も，繰り返し使わせたい。
活動時間	初回10分，2回目以降，授業開始時5分
活動回数	およそ7～8時間

授業づくりのヒント

教えたい表現を「すらすら英会話」に入れる！

　生徒たちは年齢を尋ねる表現の How old are you? については，よく耳にし，知っていることと思う。しかし，それが「建物にも使える」ということは知らないかも知れない。
　つまり，建物を指差して，"How old is that building?" と言えば，「あの建物は建ってからどのくらい経っていますか？」という意味にもなるし，"How old is the temple?" なら，「そのお寺は何年前に建てられましたか？」という意味になる非常に便利な表現である。人にも建物にも使えることを生徒に教えたい。また，How far で距離を表し，How long で，時間を尋ねているということも，教えておきたい表現である。少し難しいが，「すらすら英会話」を利用して教えた後，実際に生徒に尋ね，「距離がどのくらいあるのか」「時間はどのくらいかかるのか」を答えさせ，すらすら言えるようにさせたい。教科書には，このような表現は，なかなかまとまっては出てこないので，「すらすら英会話」を利用して，教えたい表現を入れて，指導することができる。

中学1年 すらすら英会話

How ～? を使ったすらすら英会話

① Hi, Yukiko. How are you? Terrific!

① I'm fine. And you? Nice!

② How old are you?

② I'm 13 years old.

③ How tall are you?

③ I'm 158 cm tall.

④ How old is your school?

④ It is 52 years old.

⑤ How do you come to school?

⑤ I come to school by bike.

⑥ How far is it from here to your house?

⑥ It is 2 km from here.

⑦ How long does it take from here to your house?

⑦ It takes about 10 minutes on foot.

⑧ How high is Mt. Fuji?

⑧ It is 3776 m high.

⑨ How long is this bridge?

⑨ It's 250 m long.

⑩ How do you like Japan?

⑩ I like it very much.

⑪ How is the weather?

⑪ It's sunny.

⑫ How much is this book?

⑫ It's 10 dollars.

⑬ Oh, I got to go! *

⑬ Bye!

* I got to go! 行かなきゃ。

自己評価してみよう

◎ よくできた　○ まあまあ　△ まだまだ

項目	日にち						
	/	/	/	/	/	/	/
① 相手の目を見て会話ができましたか。							
② 大きな声で言えましたか。							
③ すらすらと言えるようになりましたか。							

Chapter 2

9 Where 〜？を使ったすらすら英会話

　Where の基本英会話は３つである。１つ目は，Where are you from?（あなたはどこの出身ですか？）で，２つ目は，Where do you live?（どこに住んでいるの？）であり，３つ目は，Where is 〜?（〜はどこにありますか？）である。この３つの質問にすらすら答えられないようでは，コミュニケーション能力が付いたとは言えないはずである。

主な文法事項	疑問詞の Where ・Where are you from? ・Where do you live? ・Where is 〜？　など
実施時期	中学１年　11月頃
留意点	３つの基本英会話ができることが，ねらいとなる。なので，たとえ他の表現が言えなくても，この３つだけは確実に答えられるようにさせたい。Where in the U.S. are you from?（アメリカのどこ出身ですか？）という表現もぜひ，教えておきたい。
活動時間	初回10分，２回目以降，授業開始時５分
活動回数	およそ７〜８時間

授業づくりのヒント

会話の切り抜け方，続け方を教える！

　"Where is your house?" と生徒に尋ねる。すると黙ってしまう生徒。何とか切り抜けさせたい。そこで，便利な表現を教える。Over there.（向こうだよ）である。It's over there. を知っていれば，とりあえず「向こうの方だよ」と指を指して，何とか切り抜けられる。

　英語の世界では，沈黙は金ではない。

　黙っていたら，コミュニケーションは成立しないのである。

　また，相手が "I am from the U.S."（アメリカの出身です）と言ってきた時に，「アメリカのどこ？」と尋ねる言い方も，ここで教えたい。もし，教えれば今度は生徒にも，"Where in Ogano are you from?"（小鹿野のどこに住んでいるの？）と深く質問することができる。

　そこから次の話題が広がるかも知れない。

　「すらすら英会話」のシートに「ひとくち英語」を載せてあるのも，会話の間に相づちなどをうちながら，会話を発展できるようにするためである。

中学1年 すらすら英会話

Where ～? を使ったすらすら英会話

① Hi, my name is Bob.

② Where are you from?

③ Where in the U.S. are you from?

④ What is Florida famous for?

⑤ Where do you live?

⑥ Where is your house?

⑦ Is it near?

⑧ How long does it take?

⑨ Where is the teachers' room?

⑩ Where is the nurses' room?

⑪ Where do you study at home?

⑫ Where do you play baseball?

⑬ Thank you.

① Hi. I'm Yuki.

② I'm from the U.S.

③ I'm from Florida.

④ It's famous for DisneyWorld and beautiful beaches.

⑤ I live in Saitama.

⑥ It's over there.

⑦ No. It's very far.

⑧ It takes 40 minutes on foot.

⑨ It's on the 2nd floor.

⑩ It's on the 1st floor.

⑪ I study in the living room.

⑫ In the playground.

⑬ Good bye!

自己評価してみよう ◎ よくできた ○ まあまあ △ まだまだ

項目	日にち						
	/	/	/	/	/	/	/
① 相手の目を見て会話ができましたか。							
② 大きな声で言えましたか。							
③ すらすらと言えるようになりましたか。							

Chapter 2
10 can を使ったすらすら英会話

　can は最初に学習する助動詞であり，中学１年生の英語学習の中では大きな文法事項とも言える。とは言え，今の小学校外国語活動でも can を習っているので，生徒は慣れ親しんでいる。そこで，答え方と併せ，質問もすらすら言えるようにしたい。ただ，注意しなくてはいけないことは，Can you ～? という質問を多用しないことである。誤解を生じる場合があるからである。

主な文法事項	助動詞の can ・Can you play the piano? － Yes, I can. ・Who can ride on a unicycle? － Kenji can. ・What can you see in this picture? － I can see a giraffe.
実施時期	中学１年　12月頃
留意点	発音上の留意点がある。これは主に，聞き取りで問題になるが，I can ～. と I can't の発音である。共に聞き間違えるくらい似ており，区別が難しい。生徒には，消えるような～tの発音をしっかり聞き取らせる訓練をしたい。
活動時間	初回10分，２回目以降，授業開始時５分
活動回数	およそ７～８時間

授業づくりのヒント

Can you ～? の質問にご用心！

　can の使い方は難しい時がある。例えば，「日本語が話せますか？」と言う時，"Can you speak Japanese?" と言うと，話せる人は，何かバカにされているような気がするだろう。そんな時は，Do you ～? を使い，"Do you speak Japanese?" とした方がよい。料理もそうである。例えば，男性の外国人に「料理できるの？」と聞くつもりで，"Can you cook?" と言うと，失礼にあたるかも知れない。だからそういう時は，"Do you cook?" となる。Do you ～? で質問した方が無難な場合が多い。よって，生徒にはできるだけ，Can you ～? は使わない方がよいと私は指導している。もちろん，許可を求める Can you stand up? は問題ない。質問として相手に失礼がないかどうか，時と場合に応じて判断していきたいものである。

　今回の「すらすら英会話」にあるように，授業中は，What can you see in this picture? － I can see a giraffe. のように，「絵の中に何がありますか？」（＝見えますか？）と問う場面があるので，「すらすら英会話」で，習熟させ，授業中も使っていく。

　使い方の場面としては，教師が３ヒントクイズを出し，"Do you have any questions?" と生徒に投げかけ，"Can you fly? Can you swim?" などと質問を出させ，活用場面を作る方法もある。

中学1年 すらすら英会話

can を使ったすらすら英会話

① Hi, how are you?　　　　　　　　　❶ I'm good. And you?
　I'm good, too.

② Can you play the piano?　　　　　　❷ Yes, I can.

③ Can you swim?　　　　　　　　　　❸ Yes, I can.

④ Can you ride on a unicycle?　　　　　❹ No, I can't.

⑤ Who can ride on a unicycle?　　　　 ❺ Kenji can.

⑥ Do you speak Japanese?　　　　　　❻ Yes. A little.

⑦ Can you read kanji?　　　　　　　　❼ No, I can't. But I can read hiragana.

⑧ Can you see Mt. Fuji over there?　　 ❽ Yes, I can.

⑨ What can you see in this picture?　　❾ I can see a giraffe.

⑩ What else can you see?　　　　　　❿ I can see 2 lions.

⑪ Can you wait a minute?　　　　　　⓫ Sure.

⑫ Can I play video games now?　　　　⓬ No, you can't.

⑬ Thank you.　　　　　　　　　　　⓭ Good bye!

自己評価してみよう

◎ よくできた　○ まあまあ　△ まだまだ

項目	日にち						
	/	/	/	/	/	/	/
① 相手の目を見て会話ができましたか。							
② 大きな声で言えましたか。							
③ すらすらと言えるようになりましたか。							

Chapter 2
11 過去形（規則動詞）を使ったすらすら英会話

　過去形はどちらかと言うと英会話がしやすく，話題が広がる文法事項である。例えば，「昨日の夜，何した？」や「昨日テレビ見た？」や「先週の日曜日，勉強した？」など，いろいろ話題を作るのに便利である。今回は，そんな規則動詞を使った「すらすら英会話」である。

主な文法事項	過去形（規則動詞）の疑問文と答え方

　・Did you study last night? ― Yes, I did.
　・What subjects did you study? ― I studied English and math.
　・Who cleaned this room? ― Kenji did.

実施時期	中学１年　２〜３月頃
留意点	これまでに生徒は，疑問文の答え方として，３通り学習してきている。

　１つ目は，Are you 〜? ― Yes, I am. ／ No, I'm not. で，２つ目は，Do you 〜? ― Yes, I do. ／ No, I don't. であり，３つ目が，今回の Did you 〜? ― Yes, I did. ／ No, I didn't. である。
　一度，ここでまとめておき，区別して言えるようにしたい。

活動時間	初回10分，２回目以降，授業開始時５分
活動回数	およそ７〜８時間

授業づくりのヒント

過去形の導入は新聞紙を使って　〜観点別学習状況の評価の仕方〜

　私は過去形の導入に，１日前の新聞のテレビ欄を使う。昨日見たテレビ番組にすべて○をさせるのである。それだけで，生徒がどのくらいテレビを見ているのか調査もできる。また，どのくらいの時間まで起きているのかもわかる。そしてその後，見たテレビ番組を "I watched 〜 last night." というように英語で言わせていけば，過去形を使った自己表現になる。
　次の時間はその疑問形の言い方を学習する。そして答え方もこれまでに３通り出ているので，まとめながら，答える時に区別できるようにする。例えば，Are you 〜? なら Yes, I am. や No, I'm not. Do you 〜? なら，Yes, I do. ／ No, I don't. Did you 〜? なら Yes, I did. ／ No, I didn't. で答えるなどの「区別の仕方を知っていること」は「言語や文化についての知識・理解がある」ということになる。また，それが「正しく言える，適切に言える」ということは「外国語表現の能力がある」ということにもなる。知っているかどうかは，「知識・理解」，実際に活用できるかどうかは「表現の能力」ということになる。この２つを分けて考え，評価しなくてはいけない。

中学1年 すらすら英会話

過去形（規則動詞）を使ったすらすら英会話

① Hi, how are you?　　　　　　　　　① I'm good. And you?
　　I'm good too.

② Did you study last night?　　　　　② Yes, I did.

③ What subjects did you study?　　　③ I studied English and math.

④ How long did you study?　　　　　④ For 2 hours.

⑤ Where did you study?　　　　　　⑤ I studied in the living room.

⑥ Did you watch TV last night?　　　⑥ Yes, I did.

⑦ What TV program did you watch?　⑦ I watched "Sazae-san" and a drama.

⑧ How long did you watch TV?　　　⑧ For one hour and a half.

⑨ What else did you do last night?　　⑨ I listened to music.

⑩ Did you enjoy it?　　　　　　　　⑩ Yes, I did.

⑪ Did you play tennis yesterday?　　⑪ No, I didn't. I played basketball.

⑫ Did you play video games?　　　　⑫ No, I didn't.

⑬ Thank you.　　　　　　　　　　⑬ Nice talking with you.

自己評価してみよう　◎ よくできた　○ まあまあ　△ まだまだ

項目	日にち						
	/	/	/	/	/	/	/
① 相手の目を見て会話ができましたか。							
② 大きな声で言えましたか。							
③ すらすらと言えるようになりましたか。							

Chapter 2

12 過去形（不規則動詞）を使ったすらすら英会話

　今回の過去形は，不規則動詞を使った「すらすら英会話」である。できるだけ多種類の不規則動詞を，使われる会話場面を想定しながら入れてみた。これだけ声に出して練習したり，音読したりするだけでも，「不規則動詞の過去形」のよい勉強になるだろう。

主な文法事項	過去形（不規則動詞）の疑問文と答え方 ・Did you have a good time? ― Yes, I did. ・What time did you go to bed last night? ― I went to bed at 10:00. ・How long did you sleep last night? ― I slept for 7 hours and a half.
実施時期	中学1年　3月頃
留意点	もちろん大きな留意点は，過去形のread（読んだ）の発音である。スペリングは現在形と同じであるが，過去形では，発音が「レッド」となる。それを，この「すらすら英会話」でもきちんと教え，すらすら言えるようにしたい。
活動時間	初回10分，2回目以降，授業開始時5分
活動回数	およそ7～8時間

授業づくりのヒント

「すらすら英会話」の結果が出る頃

　今回の「すらすら英会話」を作るにあたって，次の点に留意した。
　1つ目は，できるだけ多くの不規則動詞を使わせたいということ。この「すらすら英会話」だけでも，went／got／slept／ate／read／did／had／saw の8つの不規則動詞を扱った。まだまだ足りないが，とりあえず，会話表現の中で，これらを自由自在に使いこなせるようになりたい。
　2つ目は，前回行った「規則動詞」の時と差別化を図りつつも，あえて Did you enjoy it? という表現をここで入れたこと。この Did you enjoy it?（楽しかった？）という表現は便利なので，生徒に使ってもらいたいという気持ちがあり，ここでも登場させた。生徒にとって表現が繰り返し出てくると，使い方に慣れ，自然と口から出てくるようになる。また，口慣らしをしておくと，耳で聞いた時も，英語を英語として聞くのではなく，自然と意味が理解され，頭の中に入ってくる。これが日本語を介さずに理解する，ということになる。いよいよここら辺から，今までの「すらすら英会話」の積み重ねの成果が出て，充実した英会話力に育っていく頃かと思う。

中学1年 すらすら英会話

過去形（不規則動詞）を使ったすらすら英会話

① Hi, how are you doing? I'm good too.
① Fine. How are you?

② What did you eat for breakfast this morning?
② I ate natto, egg, rice and miso soup.

③ What did you eat for dinner last night?
③ I ate curry and rice.

④ What time did you get up this morning?
④ I got up at 6:00.

⑤ What time did you go to bed last night?
⑤ I went to bed at 10:00.

⑥ How long did you sleep last night?
⑥ I slept for 7 hours and a half.

⑦ Did you have a good time yesterday?
⑦ No, I didn't. I had much homework.

⑧ Where did you go last Sunday?
⑧ I went to Ikebukuro.

⑨ How did you go there?
⑨ I went there by train. ／ on foot.

⑩ What did you do there?
⑩ I saw a movie with my friends.

⑪ Where did you have dinner?
⑪ At home.

⑫ Did you enjoy yourself last night?
⑫ Yes, I did. I read comic books.

⑬ Thank you very much for talking.
⑬ My pleasure.

自己評価してみよう　◎ よくできた　○ まあまあ　△ まだまだ

項目	日にち						
	／	／	／	／	／	／	／
① 相手の目を見て会話ができましたか。							
② 大きな声で言えましたか。							
③ すらすらと言えるようになりましたか。							

Chapter 2
13 答え方（Yes ／ No Questions）のまとめ
すらすら英会話

　答え方の習得は，なかなかすぐにはできない。1つ1つの文法事項を学習していた時にはできていたのに，複数の疑問文が出てきた後になると，"Are you 〜?"で質問しているのに，"Yes, I do."などと答えてしまう生徒もいる。できないのは，生徒のせいではなく，教師のせいである。ごちゃまぜになった時でも，正しく区別して，言い換えられるかどうかは，また別物の「学習」なのである。その学習の場を提供しないで，生徒ができない，などと愚痴をこぼしても仕方のないことである。今回の「すらすら英会話」は，そういった「答え方のまとめ」を取り上げた。

主な文法事項	be 動詞，一般動詞の現在形・過去形の疑問文と答え方

・Are you a baseball fan? － Yes, I am. ／ No, I'm not.
・Do you have your own computer? － Yes, I do. ／ No, I don't.
・Did you have a good time last Sunday? － Yes, I did. ／ No, I didn't.

実施時期	中学1年　3月頃
留意点	最初の単語に注目をさせ，しっかり聞き取らせる。"Are you 〜?"と聞こえたら，"I am. ／ I'm not."で答える。"Do you 〜?"と聞こえたら，"I do. ／ I don't."と答える。"Did you 〜?"と聞こえたら，"I did. ／ I didn't."で答える，というように機械的な練習をしてから，再度「すらすら英会話」をやってみるなど，ステップを1つ置くとよいかも知れない。
活動時間	初回10分，2回目以降，授業開始時5分
活動回数	およそ1〜2時間

授業づくりのヒント

再度，観点別評価の「知識・理解」について

　前々回の「授業づくりのヒント」では，「知識・理解」について触れた。例えば，この「すらすら英会話」の左右の英文の間に線があるが，その線で折って，答えの方を見えないようにする。そして，ノートに順番に，Yes. No. の両方で答えさせていく。もしくは，Yes. だけでいいから，答えさせていく。すると，生徒は，最初の1文字に目がいくようになるであろう。「Are だから，Yes, I am. だな」のように，「Are だから」ということは，立派な「知識・理解」である。知っていることが「知識・理解」となる。その知識を利用して表現したり，相手の言っていることを理解したりすることが，「外国語表現の能力」「外国語理解の能力」ということになる。

中学1年 すらすら英会話

答え方（Yes／No Questions）のまとめ　すらすら英会話

① Hi, how are you?
　I'm good!

② Are you a baseball fan?

③ Do you have your own computer?

④ Did you have a good time last Sunday?

⑤ Are you from Kyushu?

⑥ Do you have any pets?

⑦ Did you study last night?

⑧ Can you cook?

⑨ Did you watch TV last night?

⑩ Are you a junior high school student?

⑪ Can you eat natto?

⑫ Does your brother play tennis?

⑬ Are you Ken?

❶ I'm fine. And you?

❷ Yes, I am. ／ No, I'm not.

❸ Yes, I do. ／ No, I don't.

❹ Yes, I did. ／ No, I didn't.

❺ Yes, I am. ／ No, I'm not.

❻ Yes, I do. ／ No, I don't.

❼ Yes, I did. ／ No, I didn't.

❽ Yes, I can. ／ No, I can't.

❾ Yes, I did. ／ No, I didn't.

❿ Yes, I am. ／ No, I'm not.

⓫ Yes, I can. ／ No, I can't.

⓬ Yes, he does. ／ No, he doesn't.

⓭ Yes, I am. ／ No, I'm not.

自己評価してみよう
◎ よくできた　○ まあまあ　△ まだまだ

項目	日にち						
	／	／	／	／	／	／	／
① 相手の目を見て会話ができましたか。							
② 大きな声で言えましたか。							
③ すらすらと言えるようになりましたか。							

Chapter 2

14 答え方(Wh-Questions)のまとめ すらすら英会話

今回の「答え方」の練習は,Wh-Questionsである。この中には,When is your birthday? や What time is it? など,必ず言えるようにしておきたい表現や,Where did you go last Sunday? などの過去形が入った文,Where do you live? などの現在形の文がごちゃまぜにある。そんなごちゃまぜの文を聞き取って,正確に答えられる力をぜひ,育てていきたい。

主な文法事項 いろいろな疑問詞の入った文の答え方

・What food do you like? - I like Japanese food.
・What time do you usually get up? - I usually get up at 7:00.
・What time is it? - It's 7:11.
・How do you come to school? - I come to school by bike.
・What time did you go to bed last night? - I went to bed at 8:30.

実施時期 中学1年 3月頃

留意点 最初の疑問詞を聞き取った後,その次に来るものは do you なのか,did you なのか,ということも聞き取らなければいけない。しかし,過去の場合は,時には,What did you do last night? のように,last night という「時を表す語」があることで,「ああ,過去のことを聞いているんだな」と判断して,I listened to music last night. のように返答することができる。

活動時間 初回10分,2回目以降,授業開始時5分

活動回数 およそ1〜2時間

授業づくりのヒント

繰り返しの大切さ

私の「基礎基本の確実な習得」の考え方の中に「繰り返し」がある。その1つの例が,英単語を習得させる「4回の繰り返し」である。新しい単語を5つ書く練習をする。これが1回目。次の日,ミニテストを行う。これで2回目。単元が終わる頃になると,25問テストをする。これで3回目。さらにその25問テストが4分回たまると100題テストができる。そこで4回目。つまり,同じ単語をある程度のスパンを空けて,4回繰り返しているのである。この繰り返しで,生徒はより確実に英単語を身につけていくことができる。

今回の「すらすら英会話」でも,以前やった When is your birthday? や Where do you live? などの表現が出てきている。この段階で,正しくすらすら〜っと出てくれば,前に学習したことが残っていて,身についていると言える。しかし,言えなくなってしまっている生徒もいるだろう。その生徒には,再度ここで,「繰り返し学習」を行なえばよい。

中学1年 すらすら英会話

答え方（Wh－Questions）のまとめ　すらすら英会話

① Hi, how are you?
　 I'm good.

① I'm fine. And you?

② What food do you like?

② I like Japanese food.

③ What time do you usually get up?

③ I usually get up at 7:00.

④ What time is it?

④ It's 7:11.

⑤ How do you come to school?

⑤ I come to school by bike.

⑥ What time did you go to bed last night?

⑥ I went to bed at 8:30.

⑦ Where do you live?

⑦ I live in Yamagata.

⑧ Where are you from?

⑧ I'm from Fukuoka.

⑨ Where did you go last Sunday?

⑨ I went to Niigata.

⑩ What's this?（What's that?）

⑩ It's a pencil-case.

⑪ What are these?（What are those?）

⑪ They are my books.

⑫ When is your birthday?

⑫ It's January 19th. ／ My birthday is...

⑬ When do you take a bath?

⑬ I take a bath before dinner.

自己評価してみよう　◎ よくできた　○ まあまあ　△ まだまだ

項目	日にち						
	／	／	／	／	／	／	／
① 相手の目を見て会話ができましたか。							
② 大きな声で言えましたか。							
③ すらすらと言えるようになりましたか。							

中1のまとめ すらすら英会話

① Hi, how are you?
I'm fine too, thank you.
② What is your name?
③ When is your birthday?
④ How old are you?
⑤ Do you play any sports?
⑥ What sports do you play?
⑦ What Japanese food do you like?
⑧ Can you swim?
⑨ Do you have any pets?
⑩ What Italian food do you like?
⑪ Where is your house?
⑫ What pets do you have?
⑬ How many brothers and sisters do you have?
⑭ What time do you usually get up?
⑮ Where do you live?
⑯ How do you come to school?
⑰ Are you a junior high school student?
⑱ Are you a tennis fan?
⑲ What kind of music do you like?
⑳ What time did you go to bed last night?
㉑ What did you do last night?
㉒ What did you eat for breakfast?
㉓ How is the weather today?
㉔ What is the date today?
㉕ What day is it today?
㉖ How tall are you?
㉗ Whose pen is this?
㉘ Did you do your homework?
㉙ Where are you from?
㉚ Thank you very much.

① I'm fine thank you. And you?
② My name is Kenji Yamamoto.
③ My birthday is January 19th.
④ I'm 13 years old.
⑤ Yes, I do.
⑥ I play tennis.
⑦ I like katsu-don.
⑧ Yes, I can.
⑨ Yes, I do.
⑩ I like pizza.
⑪ It's over there.
⑫ I have dogs.
⑬ I have 2 brothers.
⑭ I get up at 6:20.
⑮ I live in Yokohama.
⑯ I come to school on foot.
⑰ Yes, I am.
⑱ Yes, I am.
⑲ I like pops.
⑳ I went to bed at 10:15.
㉑ I read a book and watched TV.
㉒ I ate only natto.
㉓ It's cloudy.
㉔ It's July 21st.
㉕ It's Tuesday.
㉖ I'm 165 cm tall.
㉗ It's mine.
㉘ Yes, I did.
㉙ I'm from Hokkaido.
㉚ See you.

Chapter 3

中学2年で身につけたい「すらすら英会話」

Chapter 3

1 be動詞の過去形を使ったすらすら英会話

　中学2年生では、最初は過去形を扱う。現在、過去形は1年生で学習するものであるが、その1年生で学習した過去形を2年生の最初に位置付け、復習をかねてやると習熟されるだろう。

主な文法事項	be動詞の過去形の疑問文と答え方

・Were you at home last night? ― No, I wasn't.
・How was it? ― It was interesting.
・Were you sleepy? ― No, I wasn't.

実施時期	中学2年　4～5月頃
留意点	be動詞の過去形が使われる場面を想定して作成した。ここでは、相手がしたことについて、「どうだった？」と聞く表現、How was it? を導入した。そのことで、It was boring.／It was fun.／It was interesting. などの表現を引き出し、be動詞の過去形を使わせるように工夫した。
活動時間	初回10分、2回目以降、授業開始時5分
活動回数	およそ7～8時間

授業づくりのヒント

公開授業では生徒が活発に話す場面を見せた方がbetter！

　習った文法事項を使わせたい！　私はいつもそう思ってきた。なぜなら、英語は「技能」だからである。使ってなんぼ、である。使えない英語は英語ではない。そのためには、話すことである。一番、英語を使ったなぁ、と思えることは、話すことである。

　私は以前、「読み取りの力」で研究授業を行った。ワンレッスンを通して読ませ、概要理解を図る活動を行った。生徒はシーンとなって英文と対決していた。中2ではあったが、一生懸命に「読み」を行っていた。授業後の反省会。「あれが英語の授業ですか」と英語の担当ではない先生から評された。片や普段、つまらない授業をしている先生が、その時ばかりは、生徒を前面に出した授業を行い、好評価を得ていた。悔しかった。でも、ねらいがあった。「入試では」だいたい400語の長文が出る。これはワンレッスン以上である。つまり、時にはワンレッスンを一気に読ませることがあってもよいのではないかという問題提起の授業であった。評された先生は英語科ではない。専門外の先生は、英語を生徒がどのくらい「使っているか？」で授業を判断するだろう。今ではもっと違う方法で「読み」をテーマにした授業ができると思うが、それ以来、私は公開授業は「話すこと」に徹した。

中学2年 すらすら英会話

be 動詞の過去形を使ったすらすら英会話

① Hi, how are you?
① I'm good.

② Were you at home last night?
② No, I wasn't. I was at juku.

③ What did you study?
③ I studied science.

④ How was it?
④ It was interesting.

⑤ What TV program did you watch?
⑤ I watched "Sazae-san".

⑥ Was it interesting?
⑥ Yes, it was.

⑦ Where were you last Sunday?
⑦ Last Sunday? I was in Tokyo.

⑧ What did you do there?
⑧ I saw a movie.

⑨ How was it?
⑨ It was a sad story. ／ It was fun.

⑩ What time did you go to bed?
⑩ I went to bed at midnight.

⑪ Were you sleepy?
⑪ Yes, I was. I was very sleepy.

⑫ What did you do last night?
⑫ I did my homework. It took 3 hours.

⑬ Were you tired?
⑬ Yes, I was. I was too tired.

⑭ What time did you get up?
⑭ I got up at 7:00.

⑮ Did you have a good sleep?
⑮ Yes. But I'm tired now.

ひとくち英語を入れて言ってみよう！

- ☐ Really?（本当？）
- ☐ Nice.（いいね！）
- ☐ Are you all right?（大丈夫？）
- ☐ Pardon?（え？何，もう一回言って）
- ☐ Are you kidding?（冗談でしょ）
- ☐ Nice work.（ご苦労様）
- ☐ Did you enjoy it?（楽しかった？）
- ☐ Of course.（もちろん）

Chapter 3
2 過去進行形を使ったすらすら英会話

　過去進行形は,「昨日の夜,何していたの？」という形で,日常の生徒との会話で,使う場合が出てくるであろう。そこで,基本的な会話パターンをここで学ばせ,後はそれを応用させる形で,会話がすらすらできるような力を付ける。

| 主な文法事項 | be動詞（肯定文・疑問文）
・What were you doing at about 8:00?
・I was watching TV.
・Were you sleeping at 11:00? |
実施時期	中学2年　5月頃
留意点	英語は繰り返しである。そこで,前回学習した「be動詞の過去」を入れ,Where were you last night? から入った。「どこにいたの？」という表現は,知っていてもよい表現である。
活動時間	初回10分,2回目以降,授業開始時5分
活動回数	およそ7～8時間

授業づくりのヒント

過去進行形は,1日の様子を記録して

　過去進行形の導入では,私は昨夜の自分を写真に撮り,それをどんどん見せていくだけである。例えば,"What was Mr.Takizawa doing?" と言い,生徒に推測させる。その後,"I was eating dinner." と言いながら,夕食を食べている写真を見せる。それだけで楽しい導入ができる。その後は,生徒の自己表現である。ただ単純に時間を追っていけばよい。

```
6:00 _____
7:00 _____
8:00 _____
9:00 _____
```

　上記のように書かれた紙を配り,そして,それぞれの時刻の横に,何をしていたのかを書かせるだけである。それで,過去進行形の自己表現を可能にする。当然,寝てしまった後には,I was sleeping. I was sleeping. と続くだけである。ワークシートを用意し,それに書かせれば,過去進行形を使わせることができるのである。非常に簡単な方法であろう。
　教師にとっても生徒にとっても,シンプルな授業はよい授業である。

中学2年 すらすら英会話

過去進行形を使ったすらすら英会話

① Hi, how are you? ❶ I'm good.

② Where were you last night? ❷ I was at home.

③ What were you doing at about 8:00? ❸ I was watching TV.

④ What TV program were you watching? ❹ I was watching a movie on TV.

⑤ Did you enjoy watching it? ❺ No. It was boring.

⑥ What were you doing at about 9:00? ❻ I was taking a bath.

⑦ What were you doing at about 10:00? ❼ I was reading a book.

⑧ What kind of book were you reading? ❽ I was reading a novel.

⑨ What is the name of the book? ❾ It's "Harry Potter".

⑩ Was it interesting? ❿ Yes. I love it.

⑪ Were you sleeping at 11:00? ⓫ No, I wasn't.

⑫ What were you doing at 11:00? ⓬ I was doing my homework.

⑬ What subject did you study? ⓭ I studied math.

⑭ How was it? ⓮ It was difficult.

⑮ Thank you for talking. ⓯ My pleasure.

ひとくち英語を入れて言ってみよう！

☐ Was it fun?（楽しかった？） ☐ How long?（どのくらい長く？） ☐ Me too.（私も）
☐ Are you sure?（本気？） ☐ Was it easy?（簡単だった？） ☐ Nice.（いいな〜）
☐ I like it too.（私もそれが好き） ☐ How about you?（君は？） ☐ Sure.（もちろん）

Chapter 3

3 There is / are を使ったすらすら英会話

　今回は，Is there ～?／Are there ～?の会話である。考えられる場面としては「道を尋ねられた時」である。例えば，Is there a convenience store near here?（この近くにコンビニはありますか？）というような時である。その時に，生徒が聞かれていることを理解し，答えられるようになるということが今回の「すらすら英会話」のねらいである。
　Is there ～?／Are there ～?が使われる場面を想定して「すらすら英会話」を作成した。

主な文法事項	There is／are の肯定文・疑問文とその答え方 ・Are there any convenience stores near here? ・How many schools are there in this town? ・Are there any computers in your house?
実施時期	中学2年　7月頃
留意点	There is／are の授業で押さえたいポイントは，Is there ～?と Are there ～?の使い分けである。一般的に多く持っていそうな時は，Are there any ～?を使い，おそらくたいていは1つぐらいだろうな，という時は，Is there a ～?を使うということをこの「すらすら英会話」でも触れておきたい。
活動時間	初回10分，2回目以降，授業開始時5分
活動回数	およそ7～8時間

授業づくりのヒント

理解を図り，表現させながら，再度，理解を深めよう！

　There is／are の疑問文で難しいことは，Is there ～?となるのか，Are there any ～?となるのか，という問題である。また，There isn't a ～.となるのか，There aren't any ～s.となるのかという問題でもある。これらの区別は難しいが，上記の留意点でも述べたように，「通常，1つしかないだろうな」と思うものには，There isn't a ～.又，疑問文では，Is there a ～?を使うということ。それと違って，通常，複数持っているだろうな，と思えるものには，There aren't any ～s.疑問文では，Are there any ～s?を使うということ。それを理解させた上で，「すらすら英会話」で慣れさせていくようにしたい。How many schools are there in your town?などは，どの教室，どの生徒にも質問することが可能な話題であろう。そういうどこでも使えるような質問を考えることも，教師の教材研究となりうるのである。
　また，書くことの課題を工夫し，「ALT が"Yes, there are."と答えそうな質問を3つ，"Yes, there is."と答えそうな質問を3つ考えよう」というような課題を通して，Is ～なのか，Are ～なのか，使い分けができるように指導したい。

中学2年 すらすら英会話

There is / are を使ったすらすら英会話

① Hi, there. How are you doing?

① I'm pretty good.

② Are there any convenience stores near here?

② Yes. There are two near here.

③ Where are they?

③ They are over there.

④ How many schools are there in this town?

④ There are 3 schools.

⑤ What are they?

⑤ They are Minami elementary school, Nishi junior high school and Kita high school.

⑥ How many students are there in your school?

⑥ There are 381 students.

⑦ How many teachers are there in your school?

⑦ There are 23 teachers.

⑧ Are there any stations in your town?

⑧ Yes. There are 8 stations.

⑨ Are there any computers in your house?

⑨ Yes. There are 3 computers.

⑩ Do you have your own computer?

⑩ No. I use my brother's one.

⑪ How many seasons are there in Japan?

⑪ There are 4 seasons.

⑫ How many days are there in June?

⑫ There are 30 days.

⑬ Thank you for talking.

⑬ My pleasure.

ひとくち英語を入れて言ってみよう！

- ☐ Tell me more.（もっと教えて）
- ☐ I see.（わかりました）
- ☐ I envy you.（うらやましい）
- ☐ So many?（そんなに多く？）
- ☐ That's for sorry.（それは残念！）
- ☐ Cool.（いいね）
- ☐ Right.（その通り）
- ☐ How about your town?（君の町は？）
- ☐ Sure.（もちろん）

Chapter 3
4 未来表現を使ったすらすら英会話

　今回は，未来表現である。未来表現には２つある。これも，教室英語や日常的な会話で使用する場面が結構出てくる。ぜひ，基本表現 What will you do? － I will ～. は，すらすら出てくるように習熟させておきたい。

主な文法事項	未来を表す　will ／ be going to ・What will you do tonight? － I will watch TV tonight. ・Will you study tonight? － Yes, I will. ／ No, I won't. ・What are you going to do this evening? － I'm going to listen to music.
実施時期	中学２年　７月頃
留意点	中２のこの時期なので，既習事項をからめた英会話ができるように，複合型の「すらすら英会話」を作成してみた。ここでは，How long will you watch TV?（どのくらいテレビを見るの？）や How will you go there?（どうやってそこに行くの？）を入れることで，１年生で学習したことを繰り返し登場させるようにしている。
活動時間	初回10分，２回目以降，授業開始時５分
活動回数	およそ７〜８時間

授業づくりのヒント

授業は易から難へ

　よく聞かれる質問がある。「will と be going to の違いをどのように生徒に教えますか」という問いである。私は基本的にどんなに正しいことでも，相手に理解されなければ，意味がないと思っている。細かいニュアンスの違いはあるにせよ，基本形である「will も be going to も未来を表す表現です」という言い方から入る。その後，第２段階の指導として，「でも，少しニュアンスの違いがあって，will は，ただなんとなく〜するだろう，という未来のことを表し，be going to は，ほぼ確実な未来を表します」と言った後，少し具体的に指導する。「だから，will は『〜するでしょう』，と訳し，be going to は，『〜するつもりだ』と訳し，近い未来を表します」という程度で"最初"はよいのではないかと思う。そして，学年が上がるにつれ，意思未来の will を扱ったりしていけばよい。

　さて，この頃から積極的に「相づち」を使わせよう。「すらすら英会話」のシートの下にある「ひとくち英語」を，「相手がひとことしゃべったら，何か言おう」とするだけでも，一方通行の会話が，双方向の会話に変化してくる。

中学2年 すらすら英会話

未来表現を使ったすらすら英会話

① Hi. How are you doing?　　　　① I'm good.

② What will you do tonight?　　　② I will watch TV tonight.

③ How long will you watch TV?　　③ I will watch TV for 2 hours.

④ What TV program will you watch?　④ I will watch "Sazae-san" tonight.

⑤ Do you watch it every week?　　⑤ Yes, I do.

⑥ By the way, where will you go this Sunday?　⑥ I will go to Tokyo.

⑦ How will you go there?　　　　⑦ I will go there by train.

⑧ Who will you go with?　　　　⑧ I will go with my family.

⑨ Will you study tonight?　　　⑨ Yes, I will.

⑩ Will you read books?　　　　⑩ No, I won't.

⑪ What are you going to do this evening?　⑪ I'm going to listen to music.

⑫ What time will you eat dinner?　⑫ I will eat dinner at 7:00.

⑬ What time will you go to bed?　⑬ I will go to bed at 10:30.

⑭ What time will you get up tomorrow morning?　⑭ I will get up at 6:15.

⑮ Thanks for talking.　　　　⑮ My pleasure.

ひとくち英語を入れて言ってみよう！

- ☐ Pardon?（もう1回言って）
- ☐ It's a secret.（秘密だよ）
- ☐ I envy you.（羨ましい）
- ☐ So long?（そんなに長く？）
- ☐ That's nice.（いいね！）
- ☐ Nice idea.（いいね）
- ☐ Good job!（やったね）
- ☐ Listen!（聞いて！）
- ☐ Of course.（もちろん）

Chapter 3
5 不定詞を使ったすらすら英会話

　不定詞は中学2年生，いや中学3年間の中で最も難しい文法事項の1つと言えよう。なぜ難しいのか。難しいことを難しく教えるからである。一番いけないことは，「これは何用法であるか」と問うことである。何用法などの知識はすべての生徒には必要ないのである。

　では必要な技能は何か。簡単な不定詞を使った「英会話」と「整序作文」である。入試問題などを見ると，中学2年生後半から整序作文に使われる文法事項の数が圧倒的に増える。ここの記述に関しては，拙著『文法入試力』（明治図書）をぜひ，お読みいただきたい。

| 主な文法事項 | 不定詞の名詞的用法，形容詞的用法，副詞的用法 |

・What do you like to do in your free time? ― I like to read books.
・To meet my friends.
・Do you want something to drink? ― Yes, I do.

| 実施時期 | 中学2年　10月頃 |

| 留意点 | 不定詞には3つの用法がある。本来であれば，不定詞の1つの用法で「すらすら英会話」を作ることがよいのであろうが，1つずつやっていったら，とてつもなく時間がかかってしまう。そこで3つの用法をすべて入れる。そして，習ったところの用法，例えば「名詞的用法の，1～5番までだけやろう」のようにする。そして，すべて行ったら，1番から14番まで通して，何回も何回も習熟させていく。そんな使い方もある。 |

| 活動時間 | 分散して初回3分，2回目以降，授業開始時3～5分 |
| 活動回数 | およそ7～8時間 |

授業づくりのヒント

授業に余裕を作る教材研究の深さ

「不定詞って，何が"不定"なんだろう」と思ったことはないだろうか？

　これは「意味が定まっていない」というところからきているのである。つまり，同じto＋動詞の原形でも，I like **to sleep**. は「寝ることが」という意味になり，I have no place **to sleep**. は「寝るための」となり，I went to my room **to sleep**. は，「寝るために」となる。同じ形でも，意味が定まっていないから，「不定詞」という。

　このようなことを私は不定詞のまとめの時や，ある程度学習した後に，生徒に話す。そして，例文を見せ，3種類の訳し方で，しっかり訳させるのである。ここが教材研究のやりがいのあるところである。教師の教材研究の深さが，授業に余裕を作るのである。

中学2年 すらすら英会話

不定詞を使ったすらすら英会話

① Good afternoon.

② What do you like to do in your free time?

③ Do you like to cook?

④ Do you like to play tennis?

⑤ What sports do you like to play?

⑥ Where did you go last Sunday?

⑦ Why?

⑧ Why do you come to school?

⑨ Do you want something to drink?

⑩ You look busy today.

⑪ What do you want to be in the future?

⑫ What do you want to do this winter?

⑬ Why?

⑭ Thank you for talking.

---

① Hi, Ken.

② I like to read books.

③ Yes, I do. I am a good cook.

④ No, I don't. I'm a beginner.

⑤ I like to play basketball. I'm good.

⑥ I went to Osaka.

⑦ To meet my friends.

⑧ To study.

⑨ Yes, I do. I want Coke.

⑩ Yes. I have no time to do my homework.

⑪ I want to be a nurse.

⑫ I want to go skiing.

⑬ Because it's fun.

⑭ My pleasure.

ひとくち英語を入れて言ってみよう！

- ☐ How about you?（あなたは？）
- ☐ That's a good idea.（いい考え！）
- ☐ Good!（いいね）
- ☐ Me too.（私も）
- ☐ Me neither.（私も〜じゃない！）
- ☐ Let me see.（え〜と）
- ☐ You are kidding.（冗談でしょ！）
- ☐ I did it!（やった！）

Chapter 3
6 動名詞を使ったすらすら英会話

　動名詞は，不定詞の名詞的用法と同じような働きをする。共に「～すること」と訳す。ただ，動名詞と不定詞の大きな違いは，動名詞は主語として使われることが不定詞の名詞的用法に比べて多いということである。Studying English is really fun. のような形で使われる。そこも，ぜひ押さえたいポイントである。

|主な文法事項| 動名詞
・Do you like playing sports? － Yes, I do.
・Do you enjoy studying English? － Yes, I do. Studying English is fun.
・What do you like doing? － I like reading books.

|実施時期| 中学2年　10月頃

|留意点| 動名詞で，I like playing sports.（私はスポーツをすることが好きです）という言い方は，どちらかと言うと生徒は理解しやすい。しかし，What 疑問文の時の What sports do you like playing? という言い方には慣れていない。そこで，この「すらすら英会話」ではあえてそこを取り上げ，What do you like doing? や What do you enjoy doing? なども入れてある。

|活動時間| 初回10分，2回目以降，授業開始時5分

|活動回数| およそ7～8時間

授業づくりのヒント

文法の"核"となる文を教師が持つ！

　これを教えれば，この文法のすべてを教えたことになる。そんな"核"となる英文を教師は持っていた方がよい。人はそれぞれ持ち味が違うものであるから，英文も違って当然である。私の場合，動名詞では，
　A：Do you like reading books?
　B：Yes, I do. Reading books is a lot of fun.
というものが，動名詞指導の"核"となる対話文である。
　"核"となるものは，その2文ないし，教師が提示した英文に，「教えたいことがすべて入っているもの」である。動名詞の中でも，目的語としての動名詞，そして主語としての動名詞は2年生で押さえたい。前置詞の後の動名詞は3年生でよい。まずは，「～すること」という意味を理解させ，その使い方のパターンを示してあげることである。
　そのことで，生徒は使い方をも身につけることができるようになる。

中学2年 すらすら英会話

動名詞を使ったすらすら英会話

① Hi. How's it going?
① Fine.

② Do you like reading books?
② Yes, I do. Reading books is a lot of fun.

③ What sports do you like playing?
③ I like playing volleyball.

④ Why?
④ Because it's fun.

⑤ Are you good at playing volleyball?
⑤ So - so.

⑥ Do you enjoy studying English?
⑥ Yes, I do. Studying English is fun.

⑦ Do you enjoy playing tennis?
⑦ No, I don't. I enjoy running.

⑧ What do you enjoy doing?
⑧ I enjoy watching movies.

⑨ Do you like studying?
⑨ No, I don't.

⑩ Do you like eating Japanese food?
⑩ Yes, I do.

⑪ What Japanese food do you like?
⑪ I like sushi and tempura.

⑫ What do you like doing?
⑫ I like reading books.

⑬ When do you read books?
⑬ I read books before going to bed.

⑭ That's nice. Thank you!
⑭ You're welcome.

ひとくち英語を入れて言ってみよう！

- ☐ Tell me more.（もっと教えて）
- ☐ It's a joke.（冗談ですよ）
- ☐ Well...,（え〜と）
- ☐ I think so too.（私もそう思う）
- ☐ Unbelievable.（信じられない！）
- ☐ Me too.（私も）
- ☐ You too?（あなたも？）
- ☐ How about you?（あなたは？）
- ☐ I'm happy.（嬉しい！）

Chapter 3
7 比較（比較・最上級）を使ったすらすら英会話

　比較級では3つの用法と「長い単語の場合は，good − better − the best など，形が変化する」など，教えることが山積みである。この「すらすら英会話」では，話せる英語，使える英語を目指し，3回に分けて作成してある。

主な文法事項	比較❶　比較・最上級を使った比較表現 ・Are you younger than Hiroshi? − Yes, I am. ・Who is the tallest in this class? − Taku is. ・What is the second highest mountain in Japan?
実施時期	中学2年　1月頃
留意点	これも不定詞の時と同様，学習したところまでで区切って導入するとよいだろう。最上級では，「2番目に高い山は？」のように，1番だけでなく，どうせなら the second highest などの表現も教えておいた方が，表現の幅が広がると考え，作成した。
活動時間	初回10分，2回目以降，授業開始時3〜5分
活動回数	およそ7〜8時間

授業づくりのヒント

比較級の教え方

　2人の時は，比較級。3人以上の時は，最上級を使う。この比較，最上級の使い方をカードを使って覚える。カードには数字が書いてある。1人5枚ずつ持ち，2人で一斉に"Who is older?"と言って，カードを出す。年齢の高い方が，"I am older than you."と言って，カードをもらう。2枚目，一斉に"Who is older?"と言ってカードを出す。そして，年齢の高い方が，"I am older than you."と言って，カードをもらう。枚数が多い方が勝ち。今度は違う人と行う。

　最上級は，3人以上で一斉に，"Who is the oldest of the three?"と言いながら，カードを出す。一番，年齢が高い人が"I am the oldest of the three."と言って，カードをもらう。2人の時は，〜 er than，3人以上の時は，the 〜 est of／in となる。

　だいたい第1時に比較級。そして次の時間，最上級となるので，「この間は2人の時の関係を表したよね。今日は，3人以上の時です」と言って，最上級に入っていく。

中学2年 すらすら英会話

比較（比較・最上級）を使ったすらすら英会話

① Hi. How are you?　　　　　　　　　① Good.

② How old are you?　　　　　　　　　② I'm 14 years old.

③ Are you younger than Hiroshi?　　　③ Yes, I am.

④ How tall are you?　　　　　　　　　④ I'm 165 cm tall.

⑤ Are you taller than Emi?　　　　　　⑤ No, I'm not.
　　　　　　　　　　　　　　　　　　　I'm shorter than Emi.

⑥ Who is the tallest boy in this class?　⑥ Taku is.

⑦ Who is the oldest girl in this class?　⑦ Yumi is.

⑧ Who is younger, Maki or Hiroshi?　　⑧ Hiroshi is.

⑨ What is the highest mountain in Japan?　⑨ It's Mt. Fuji.

⑩ How high is Mt. Fuji?　　　　　　　⑩ It's 3776 meters high.

⑪ What is the second highest mountain in Japan?　⑪ It's Kita-dake in Yamanashi.

⑫ What is the longest river in the world?　⑫ It's the Nile.

⑬ How long is the Nile?　　　　　　　⑬ It's 6650 kilometers long.

⑭ What is the second longest river in the world?　⑭ It's the Amazon.

ひとくち英語を入れて言ってみよう！

☐ I don't know.（知らない・わからない）　　☐ Is that true?（本当？）　　☐ Sure.（もちろん）
☐ I know.（知っているよ）　　　　　　　　☐ Do you know?（知っていますか？）　☐ Let me see.（えーと）
☐ No kidding.（冗談でしょ！）　　　　　　☐ I'm not sure.（確かではありません＝わからない）

Chapter 3
8 比較（more／the most）を使った すらすら英会話

　比較級の2回目は，長い単語の時に，比較級がmore＋原形，最上級がthe most＋原形になる比較・最上級の「すらすら英会話」である。生徒との会話で使われる場面を想定すると，このような「すらすら英会話」になった。

主な文法事項	比較❷　more／the most

・Which is more interesting, English or P.E.? － Of course, English is.
・What is the most difficult subject? － Math is the most difficult subject.
・What is the most famous comic in Japan? － I think "Sazae-san" is.

実施時期	中学2年　2月頃
留意点	会話を想定した場合，いきなり比較級を使うことはあまりない。前振りが必要である。それが，What subject do you like?（－ I like P.E.）Do you like English?（－ Yes, I do.）ときて，Which is more interesting, English or P.E.?（英語と体育，どっちが好き）という会話につなげる。そのように工夫して作ったものが，今回の「すらすら英会話」である。
活動時間	初回10分，2回目以降，授業開始時5分
活動回数	およそ7〜8時間

授業づくりのヒント

長い単語って，何語から？

　授業は，シンプルさを求める。文法のルールも同じである。シンプルなルールで生徒に教えるように努力する。どういう時にmore／the mostを使うのか？　文法書にはよく，「3音節以上の単語」と出ている。でも，生徒に3音節以上と言って理解できるだろうか。音節と言うところから説明しなくてはいけない。時間がかかる。では，代案は何か。そこで，「長い単語の時は」とする。でも，「長いってどのくらいの長さなの？」となる。そこでmore／the mostを使う時の単語を挙げてみると，interesting, wonderful, beautiful, deliciousなど，確かに長い単語ばかりである。もっと挙げてみよう。popular, important...いったい，何語以上の場合なのだろう，と考えてみる。中学生になじみのある単語ではfamousが6文字で一番短い。ゆえに，生徒には，「長い単語の時は，だいたい6文字以上です」と言う。でも同じ6文字でも，prettyは，er, estを付けるが，私は「だいたい6文字以上」で，基本的な説明はできるのではないかと考える。でも1つだけ，奇妙な単語がある。それは，fun（面白い）である。これは，短くても　It's more fun. と more／the mostを使う。

中学2年 すらすら英会話

比較（more／the most）を使ったすらすら英会話

① Good evening, Ken.

① Hi, Yuki.

② What is your favorite subject?

② My favorite subject is P.E.

③ Which is more interesting, English or P.E.?

③ I like both.

④ Which is more important, money or health?

④ I think health is more important.

⑤ Which is more expensive, this one or that one?

⑤ This one is more expensive.

⑥ Which is more fun, playing baseball or watching baseball?

⑥ Playing baseball is more fun.

⑦ What is the most difficult subject?

⑦ Math is the most difficult subject.

⑧ What is the most famous comic in Japan?

⑧ I think "Sazae-san" is.

⑨ What is the most popular sports in your country?

⑨ Baseball is the most popular.

⑩ What is the most important for you?

⑩ A family is the most important.

⑪ Good. Thank you for talking!

⑪ My pleasure.

ひとくち英語を入れて言ってみよう！

- ☐ I think so too.（私もそう思う）
- ☐ I'm not sure.（わかりません）
- ☐ I feel hungry.（お腹がすいた）
- ☐ Do you like it?（好きですか？）
- ☐ It's delicious.（おいしいよ）
- ☐ Really?（そうなんですか？）
- ☐ Don't you think so?（そう思いませんか？）

Chapter 3
9 比較（better ／ the best）を使ったすらすら英会話

　better ／ the best は，good, well の比較級，最上級である。しかし，その意味で使う時はあまりない。中学英語としては，Which do you like better, A or B? － I like A better. や，What season do you like the best? － I like summer the best. の方が，使う場面が出てくる。そこで，比較の表現でも，この better ／ the best で１つの「すらすら英会話」を作成する。

| 主な文法事項 | 比較❸　better ／ the best を使った文。動名詞。 |

・Which do you like better, sushi or natto? － I like natto better.
・What Japanese food do you like the best? － I like yakitori the best.
・I enjoyed talking with you.

実施時期	中学２年　２月頃
留意点	３学期なので，会話に発展性を持たせる。ただ単に，Which do you like better, Japanese movies or foreign movies? － I like foreign movies. で終わるのではなく，そこに一声，Why? と質問させたい。そして，Because it's interesting. や，Because I like action movies. などのように答えられる力を徐々に育てていきたい。
活動時間	初回10分，２回目以降，授業開始時５分
活動回数	およそ７～８時間

授業づくりのヒント

これが大切！　教師のおぜん立て

　「すらすら英会話」の下の方には，「ひとくち英語」がある。そして，その「ひとくち英語」は，多少なりとも，上の「会話」と連動するように作っている。
　例えば，Why do you like it?（何で好きなの？）という表現があることに気付いただろうか。
　これは，生徒同士の会話の中で，この表現が，その後の会話を発展させていくことに必要なのではないかと思い，そこに入れてあるのである。
　教師が「今回は，相手が何かひとことを言ったら，相づちを入れましょう」と言った時に，このコーナーを見て，選択できるようになっている。または，ヒントを載せている。つまり，おぜん立てをしておき，活動レベルを維持しようというねらいである。（そこにないものも当然言ってもよい。）これは，文法プリントを作成する時も同じである。その文法事項で使いそうな語彙をワードバンクとして囲み，ワークシートにさりげなく入れておくのである。それにより，生徒はそれを見ながら，問題や自己表現活動をすることができるからである。

中学2年 すらすら英会話

比較（better／the best）を使ったすらすら英会話

① Good morning, Sachi.

❶ Hello, Bob.

② Which do you like better, sushi or natto?

❷ I like natto better.

③ What Japanese food do you like the best?

❸ I like yakitori the best.

④ Which do you like better, Cola or Fanta?

❹ I like both.

⑤ Do you like comic books?

❺ Yes, I do.

⑥ What is the most interesting comic?

❻ "ONE PIECE" is the most interesting.

⑦ Which do you like better, Japanese movies or foreign movies?

❼ I like foreign movies.

⑧ What sports do you like the best?

❽ I like baseball the best.

⑨ Which do you like better, apples or oranges?

❾ I like apples better.

⑩ What season do you like the best?

❿ I like summer the best.

⑪ Why do you like summer?

⓫ Because I have a long vacation.

⑫ I enjoyed talking with you.

⓬ Same here.

ひとくち英語を入れて言ってみよう！

- ☐ I think so too.（私もそう思う）
- ☐ Why do you like it?（なんで好きなの？）
- ☐ That's nice.（それいいね）
- ☐ I didn't know that.（知らなかった）
- ☐ I beg your pardon?（もう一度言って）
- ☐ Me too.（私も）
- ☐ So fun?（そんなに楽しいの？）
- ☐ Anything else?（他に何か？）

Chapter 3
10 接続詞（when ／ that ／ if）を使った すらすら英会話

　接続詞を使った英会話は正直言って，あまり想定がない。しかし，会話ではよく使われる。そこで，今回の「すらすら英会話」で接続詞の言い方に慣れ親しませ，会話力につなげていきたい。

主な文法事項	接続詞の when ／ that ／ if

・When you went home, what was your family doing?
　― My sister was watching TV.
・What do you say, when you meet someone in the morning?
　― I say, "Good morning."
・If you have 1,000,000 yen, what would you like to do?
　― I'd like to visit Europe.

実施時期	中学２年　10月頃（？）
留意点	学習したことはなるべく使って，机の上だけの英語にならないようにしたい。そのためには，教師は，学習したことを使って，できるだけ生徒に英語を投げかけたい。使い方の基本を教え，後はそれを少し変えればよい。
活動時間	初回10分，２回目以降，授業開始時５分
活動回数	およそ７～８時間

授業づくりのヒント

会話の切り抜け方，続け方を教える

　"When you meet your friend in the morning, what do you say?"（朝友達に会ったら何と言う？）と質問すると，"Good morning."（おはよう）と言ってくる。"When you meet your friend in the afternoon, what do you say?"（午後友達に会ったら何と言う？）と質問すると，"Good afternoon."（こんにちは）である。"When you meet your friend in the evening, what do you say?"（夕方友達に会ったら何と言う？）と質問すると，"Good evening."（こんばんは）と言ってくる。ここまではよい。
　では，次のように言うと，生徒は何と言ってくるか？
　"When you meet your friend at night, what do you say?"（夜友達に会ったら何と言う？）すると，だまされて"Good night."と，言ってしまう。そこで，「"Good night."じゃ，おやすみなさいになっちゃうよ。会ってすぐに，おやすみじゃ，ね!?」と言うと，「ああ，そうか。夜だから，"Good evening."（こんばんは）でいいんだ」となる。
　この What do you say? では，When your friend gives you a present, what do you say?（友達にプレゼントをもらったら，何と言う？）や，What do you say when you pass a handout to your friend?（プリントを友達に渡す時，何と言う？）のように，使うことができる。これをそのまま「書くこと」で問題を出しても面白い。

中学2年 すらすら英会話

接続詞（when ／ that ／ if）を使ったすらすら英会話

① Good morning, Sachi.

② When you went home, what was your family doing?

③ When you are free, what do you usually do?

④ What do you say when you meet someone in the morning?

⑤ If you have 1,000,000 yen, what would you like to do?

⑥ If it is rainy tomorrow, what will you do?

⑦ If you have a long vacation, what would you like to do?

⑧ If there is a god, what would you ask him?

⑨ Do you know that the Nile is the longest river in the world?

⑩ Do you think English is fun to study?

⑪ Do you think that you are happy?

⑫ When are you happy?

---

① Hello, Bob.

② My sister was watching TV. My brother was studying.

③ I clean my room.

④ I say, "Good morning."

⑤ I'd like to visit Europe.

⑥ I will stay home.

⑦ I'd like to watch movies.

⑧ I will ask him that I can have much free time.

⑨ Yes, I do.

⑩ Yes, I do. I like it.

⑪ Yes, I do.

⑫ When I read a book, I'm happy.

ひとくち英語を入れて言ってみよう！

- ☐ That's a good dream.（それはいい夢ね）
- ☐ I forgot.（忘れました）
- ☐ Wonderful.（すばらしい）
- ☐ I don't remember.（覚えていません）
- ☐ I think you can make it.（きっとうまくいくよ）
- ☐ Just a minute.（ちょっと待って）
- ☐ That's a good question.（いい質問だね）

すらすら英会話

① Hi, there. How are you doing?
② Where were you last Sunday?
③ Why did you go to Kagoshima?
④ How did you go there?
⑤ What were you doing at 8:00 last night?
⑥ Were you sleeping at midnight?
⑦ What will you do next Sunday?
⑧ Will you study tonight?
⑨ Where will you go next Sunday?
⑩ Is there a convenience store near here?
⑪ Are there any computers in this room?
⑫ How many students are there in your school?
⑬ What do you like to do in your free time?
⑭ What do you like doing?
⑮ Do you want something to drink?
⑯ What do you want to be in the future?
⑰ Why do you want to be a nurse?
⑱ What do you want to do when you have free time?
⑲ Who is taller, Ken or Yuki?
⑳ What is the highest mountain in the world?
㉑ Which is longer, the Shinano or the Tone?
㉒ What is the most important for you?
㉓ Which is more interesting, English or math?
㉔ Which do you like better, sushi or tempura?
㉕ What season do you like the best?

① I'm great.
② I was in Kagoshima.
③ To meet my aunt.
④ I went there by plane.
⑤ I was doing my homework.
⑥ Yes, I was.
⑦ I will go to see a movie.
⑧ Yes, I will. ／ No, I won't.
⑨ I will go to Tokyo Disneyland.
⑩ Yes, there is. ／ No, there isn't.
⑪ Yes, there are. There are three.
⑫ There are 386 students.
⑬ I like to study English.
⑭ I like studying English.
⑮ Yes, I do. ／ No, I don't.
⑯ I want to be a nurse.
⑰ Because I want to help sick people.
⑱ I want to read books.
⑲ Yuki is taller than Ken.
⑳ Mt. Everest is the highest.
㉑ I think that the Shinano is longer.
㉒ My family is the most important.
㉓ English is more interesting than math.
㉔ I like tempura better.
㉕ I like summer.

Chapter 4

中学3年で身につけたい「すらすら英会話」

Chapter 4

1 受け身を使ったすらすら英会話

　受け身は，正直「すらすら英会話」になりづらい文法事項である。しかし，会話では，このように交わされることがあるということを教えるためにも，基本的な表現が入っている「すらすら英会話」で，受け身の使われ方について慣れさせていきたい。また，生徒が自己表現する際にも，この「すらすら英会話」が生徒の会話集の手本になることと思う。

主な文法事項	受け身の表現 ・What languages are spoken in your country? ― Japanese and Ainu are spoken. ・How many kinds of coins are used in Japan? ― Six kinds are used. ・Was this song sung by the Beatles? 　― No, it wasn't. It was sung by Carpenters.
実施時期	中学3年　4月頃（もしくは中学2年の2月頃）
留意点	接続詞と同様，受け身はなかなか会話にしづらい。そこで，ある程度使用されるであろう場面を取り出し，話すことに慣れ親しませたい。
活動時間	初回10分，2回目以降，授業開始時5分
活動回数	およそ7～8時間

授業づくりのヒント

No. で答えた時は，1文付け足すルール

　「すらすら英会話」を見て，気付かれたことはあるだろうか。今回の「すらすら英会話」では，No. で答えた時には，それを補足するような文を付け足すようにさせている。
　例えば，"Was this picture drawn by you?"（この絵は，あなたによって描かれたのですか？）と質問されて，"No, it wasn't." と答える。でも，No... だけでは会話はつながらないので，"It was drawn by Picasso."（それはピカソによって描かれました）と付け足すようにする。同様に，"Was this song sung by the Beatles?"（この歌はビートルズによって歌われましたか？）の質問に"No, it wasn't."（いいえ）では，会話が止まってしまう。そこで，相手が情報を得たがっていることを鑑み，"It was sung by Carpenters."（それはカーペンターズによって歌われました）のように付け足していく "ルール（=習慣）" にするのである。「相づち」をうつというルールに，「No. と言った時は，1文付け足す」というルールを積み重ねていく。そうやって，会話と会話をつなぐ方法を教えていくのである。
　なお，受け身で使われやすい動詞には，draw / build / write / sing / make / speak / use / take a picture / eat / grow / give / buy / see などがある。これらを自由自在に使えるようにするためには，使われる場面を生徒に提示してあげる必要がある。

中学3年 すらすら英会話

受け身を使ったすらすら英会話

① Hello. How are you?
I'm fine too thank you.

❶ I'm fine thank you. And you?

② What languages are spoken in your country?

❷ Japanese and Ainu are spoken.

③ Was Horyuji built by Onono Imoko?

❸ No, it wasn't.
It was built by Shotoku Taishi.

④ How many kinds of coins are used in Japan?

❹ Six kinds are used.

⑤ Was this picture taken by you?

❺ Yes, it was.

⑥ Where was this picture taken?

❻ It was taken in Canada.

⑦ Was this picture drawn by you?

❼ No, it wasn't.
It was drawn by Picasso.

⑧ What subject is taught by Mr. Taki?

❽ English is taught.

⑨ Is this pencil-case made in China?

❾ No, it isn't. It's made in Korea.

⑩ Was this book written by Soseki?

❿ Yes, it was.

⑪ Was this song sung by the Beatles?

⓫ No, it wasn't.
It was sung by Carpenters.

⑫ Did you buy this?

⓬ No, I didn't.
It was given by my best friend.

ひとくち英語を入れて言ってみよう！

- ☐ I know that.（知っているよ）
- ☐ I didn't know that.（知らなかった！）
- ☐ Are you sure?（確かなの？）
- ☐ Are you kidding?（冗談でしょ）
- ☐ I think it's a nice song.（いい歌ね）
- ☐ Nice picture.（いい写真ね）
- ☐ Pardon?（え？何．もう一回言って）

Chapter 4
2 現在完了（完了）を使ったすらすら英会話

　今回から3回連続で，現在完了の「すらすら英会話」である。これも実際には，教室英語として使われる場面は少ないが，完了表現がどのように使われるのかを会話例として提示することは大事なことである。これらの「すらすら英会話」の文例はきっと参考になるだろう。

主な文法事項	現在完了❶（完了） ・Have you done your homework yet? 　— Yes, I have. I have just done my homework. ・I haven't cleaned my room yet. ・I have already eaten my lunch.
実施時期	中学3年　5月頃
留意点	現在完了では，疑問文は，Have you＋過去分詞～? で始めるということを徹底して教えたい。通常，今までの生徒は，You have a book.— Do you have a book? と，Do you...? を使って疑問文としていた。現在完了では，ここが違うことを生徒に意識させるためにも，できるだけ多く Have で始まる疑問文を「すらすら英会話」に入れている。
活動時間	初回10分，2回目以降，授業開始時5分
活動回数	およそ7～8時間

授業づくりのヒント

最低限教えなくてはいけないボトムな課題とは？

　現在完了の完了表現で最低限教えなくてはいけないボトムの課題を考えてみると，まず1つ目は，「今，終わったところ」を表す I have just read this book.（今，この本を読み終えた）のような just を使った肯定文である。2つ目に，「もう終わったよ」という意味で I have already read this book.（もうこの本は読み終えました）のような already を使う言い方。3つ目が，I haven't read this book yet.（まだこの本を終えていません）というような否定文の yet の使い方である。4つ目が，Have you read this book yet?（もうこの本は読み終わりましたか？）という疑問文の yet である。最後の5つ目は，答え方の Yes, I have. ／ No, I haven't. である。この5つを授業では，シンプルに教えなくてはいけない。

　この「すらすら英会話」も，以上のボトムな5つの課題を会話文として入れ，生徒に毎時間，習熟させるようにした。実際は，授業中，生徒が何か活動をしていて "Have you finished?" と教師が聞き，"Yes, I have. ／ No, I haven't." と答える場面が想定される。

中学3年 すらすら英会話

現在完了（完了）を使ったすらすら英会話

① Hi, how are you?
① I'm good.

② Where were you?
② I was in my room.

③ What were you doing?
③ I was doing my homework.

④ Have you done your homework yet?
④ Yes, I have. I have just done my homework.

⑤ Have you cleaned your room yet?
⑤ No, I haven't. I haven't cleaned my room yet.

⑥ Have you eaten your lunch yet?
⑥ Yes, I have. I have already eaten my lunch.

⑦ Excuse me, can I read this book?
⑦ Sorry, I haven't read it yet.

⑧ Have you watched this movie yet?
⑧ Yes, I have.

⑨ Have you bought your basketball shoes?
⑨ No, I haven't. I haven't decided what to buy yet.

⑩ Have you read "Run Melos" yet?
⑩ Yes, I have. I have already read it.

⑪ Has the bus left yet?
⑪ Yes, it has. It has already left.

⑫ Good bye.
⑫ See you.

ひとくち英語を入れて言ってみよう！

- ☐ It was good.（よかった）
- ☐ It was boring.（つまらなかった）
- ☐ Was it delicious?（おいしかった？）
- ☐ I can't decide it.（決心がつきません）
- ☐ It was moved.（感動した）
- ☐ I see.（へえ，そうなんだ〜）
- ☐ I can't believe that.（信じられな〜い）
- ☐ How about you?（君は？）
- ☐ Are you sleepy?（眠いの？）
- ☐ Really?（本当？）

Chapter 4
3 現在完了（経験）を使ったすらすら英会話

　現在完了の経験用法は，会話でよく使われる。特に，初対面の外国人と話をする時などには，使う場面が増えるだろう。「富士山を見たことがありますか？」「京都に行ったことがありますか？」「すしは食べたことがありますか？」などなど，経験を尋ねることで，話題を広げることにもなる。

主な文法事項	現在完了❷（経験）
	・Have you ever been to Tokyo Disneyland? ― Yes, I have.
	・How many times have you been there? ― I have been there 3 times.
実施時期	中学3年　5～6月頃
留意点	中学3年生なので，目標文以外にも，今までに学習した英会話を繰り返させるようにする。学習しても，ある一定の期間，その表現に触れないと，あれほどすらすら言えていたのに，言えなくなっている，または忘れてしまっているということがある。今回も比較級や不定詞，疑問詞などを入れることで，習熟を図ろうというねらいがある。
活動時間	初回10分，2回目以降，授業開始時5分
活動回数	およそ7～8時間

授業づくりのヒント

「経験」でのボトムな課題とは？

　さて，「完了」表現では5つの教えなくてはいけない課題があった。では，この「経験」表現では，どんなボトムがあるか。

　まず，1つ目に，have + 過去分詞で「～したことがある」という意味であることを押さえなくてはいけない。2つ目は，疑問文は Have で始め，Have you ever ～?（今までに～したことがありますか？）というように，ever を使うこと。3つ目は，否定文では never を使い，I have never been to ～.（～に行ったことがない）となること。4つ目は，回数を表す，～ times という言い方。「1度／1回」は once となり，「2度／2回」は twice,「何度も」と言う時は，many times,「何回か」は，several times または some times を使うということを生徒に教えなくてはいけない。さらに5つ目として，have been to ～ を熟語として教える。「～に行ったことがある」という決まり文句として扱いたい。この「すらすら英会話」でも，以上の5つをすべて入れるように工夫した。

　つまり，この「すらすら英会話」は，文法のまとめとしても使えるのである。

中学3年 すらすら英会話

現在完了（経験）を使ったすらすら英会話

① Hi, there. How are you doing?
② Have you ever been to Tokyo Disneyland?
③ How many times have you been there?
④ How about Tokyo DisneySea?
⑤ Which do you like better, Land or Sea?
⑥ Do you know that Mt. Fuji is the highest mountain in Japan?
⑦ Have you ever climbed Mt. Fuji?
⑧ Do you want to climb Mt. Fuji?
⑨ How high is Mt. Fuji?
⑩ Have you ever seen shooting stars?
⑪ How many times have you seen them?
⑫ What did you wish for?
⑬ Thank you for talking.

❶ I'm pretty good.
❷ Yes, I have.
❸ I have been there 3 times.
❹ Yes, I have. I have been there twice.
❺ I like Land better.
❻ Yes, I do.
❼ No, I haven't. I have never climbed Mt. Fuji.
❽ Yes, I do.
❾ It's 3776 meters high.
❿ Yes, I have.
⓫ Many times.
⓬ I wished for my health.
⓭ It's my pleasure

ひとくち英語を入れて言ってみよう！

- ☐ Good for you.（頑張ってね）
- ☐ That's right.（その通り）
- ☐ It's wonderful.（素晴らしい）
- ☐ I'll do my best.（私、頑張るね）
- ☐ So many?（そんなに多く？）
- ☐ You don't know?（知らないの？）
- ☐ Say that again, please.（もう一度言ってくれませんか？）
- ☐ It's my dream.（それは私の夢です）

Chapter 4

4 現在完了（継続）を使ったすらすら英会話

現在完了の継続用法も，生徒の会話で使える。「住んでいるところ」「（スポーツ）をやっている」「～を勉強している」「～を使っている」など，生徒に自己表現をさせやすい。また，初対面の外国人にも，How long have you lived here?（ここにどのくらい住んでいるんですか？）のように使うことができる。

主な文法事項	現在完了❸（継続）

・Have you lived in Japan for a long time? － Yes, I have.
・How long have you lived in Japan? － I have lived here for 2 years.

実施時期	中学3年　6月頃
留意点	「すらすら英会話」につながりを持たせるために，既習事項を入れながら，流れを作ってみた。ただ，「バラバラ質問」（p.15参照）のように，どの質問をされても，とっさに答えられるようにすることも大事になってくるので，なるべくなら，どこから質問されても会話になるようなものを入れてみたつもりである。
活動時間	初回10分，2回目以降，授業開始時5分
活動回数	およそ7～8時間

授業づくりのヒント

「継続」では，study, play, use, live が使える！

英語授業の最終的なねらいは，「習った表現で自己表現ができる」というところにある。自分のことを語ったり，相手に質問したりする力にもっていきたい。そのような場合に，生徒がこの「継続」で使えそうな単語，場面を考えてみる。すると，私は経験上，study, play, use, live は，使用可能な単語であることがわかった。play の会話例は，

A：Do you play tennis?　B：Yes, I do.
A：How long have you played tennis?　B：I have played tennis（it）for 3 years.
という4文英会話になる。

また，中には，剣道を小さい頃からやっている生徒もいて，"I have played kendo for 7 years."　または，ピアノを習っていて，"I have played the piano for 11 years."　などと言う生徒がいると，クラス中で，「お～」となる。

use では，身近なペンケースを何年間使っているか，live では，どのくらい住んでいるかなど，「継続」で使える単語を意識したら，上の4つの単語が使えるとわかった。

中学3年 すらすら英会話

現在完了（継続）を使ったすらすら英会話

① Hello. My name is Mary. Nice to meet you.
① My name is Kenji. Nice to meet you, too.

② Where are you from?
② I'm from Saitama.

③ Where in Saitama are you from?
③ Chichibu.

④ Have you lived in Japan for a long time?
④ Yes, I have.

⑤ How long have you lived in Japan?
⑤ I have lived here for 15 years.

⑥ Do you play any sports?
⑥ Yes, I do. I play tennis.

⑦ How long have you played tennis?
⑦ I have played tennis for 3 years.

⑧ Do you speak English?
⑧ Yes, I do. I speak it a little.

⑨ Do you study English every day?
⑨ Yes, I do. English is fun.

⑩ How long have you studied English?
⑩ I have studied English since I was 13 years old.

⑪ Where is your sister?
⑪ She is in New York.

⑫ How long has she been in New York?
⑫ She's been there since 2013.

⑬ I enjoyed talking with you.
⑬ I did too.

ひとくち英語を入れて言ってみよう！

- ☐ How nice!（いいね）
- ☐ Listen to me!（聞いて！）
- ☐ Cheer up.（頑張れ）
- ☐ Sure.（もちろん）
- ☐ That's nice.（いいね！）
- ☐ Really?（本当？）
- ☐ How do you like Japan?（日本はどうですか？）
- ☐ Good job!（やったね）
- ☐ Good for it.（やったね）

Chapter 4

5 分詞の後置修飾を使ったすらすら英会話

　分詞の後置修飾も，なかなか定型会話にしづらい文法事項である。どちらかと言うと，これは Picture telling で，現在分詞の後置修飾を使わせ，Ken is a boy playing soccer near the bench.（ケンはベンチの近くでサッカーをしている男の子です）のように言わせることが多い。これでも十分，表現に慣れ親しませることができる。しかし，会話にはならない。そこで，多少とも会話を想定したバージョンが今回の「すらすら英会話」である。

主な文法事項	分詞の後置修飾（現在分詞・過去分詞）
	・Do you know the student speaking English over there?
	・Look at the boy running in the park.
	・It's a watch made in Italy.
	・It's a used car.
実施時期	中学3年　10月頃
留意点	使える場面としては，Is this the pen used by you?（これはあなたによって使われているペンですか？）のように use を使って表現することができる。そんな使い方に慣れるために，無理があるものの作成した。
活動時間	初回10分，２回目以降，授業開始時５分
活動回数	およそ７～８時間

授業づくりのヒント

使用場面が少ない文法事項に慣れさせる

　分詞の後置修飾も，使用場面が少ない文法事項である。なぜなら，後置修飾を使わなくても通じてしまう場合があるからである。This is a watch made in Italy.（これは，イタリアで作られた時計です）という文なら，分詞の後置修飾を使わなくても，This watch is made in Italy.（この時計はイタリアで作られています）という受け身を使って通じさせることができる。

　また，「すらすら英会話」は万能な活動ではない。文法事項によっては，「すらすら英会話」で活動しにくいものがある。その代表的な文法は，「現在進行形」である。"What are you doing?" と言われても，授業中なら，"I'm studying." としか言えない。そんな時は，Picture telling という活動で現在進行形を言わせればよい。使用するのに難しい文法事項があるのである。「分詞の後置修飾」も同様である。なかなか会話にしづらい。しかし，あえて作成すれば，このようになるだろう。この「すらすら英会話」を何度も読ませ，言わせることで，分詞の後置修飾に慣れさせていきたいものである。

中学3年 すらすら英会話

分詞の後置修飾を使ったすらすら英会話

① Hi, there.
① Hi.

② Do you know the student speaking English over there?
② Yes, I do. She is Yuki.

③ Who is the student standing over there?
③ That's Ken.

④ Look at the boy running in the park.
④ I know him. He is Tom.

⑤ What are you doing?
⑤ I'm reading a book written by Soseki Natsume.

⑥ Whose watch is this?
⑥ It's mine.
It's a watch made in Italy.

⑦ Is this sleeping cat yours?
⑦ No, it isn't.

⑧ You have a nice car.
⑧ Yes, I do. It's a used car.

⑨ Is this the computer used by you?
⑨ Yes, it is.

⑩ Is this the bag used by you?
⑩ No, it isn't.
It is the bag used by Yumi.

⑪ Is this a picture taken in Australia?
⑪ Yes, it is.

⑫ Is this a picture drawn by you?
⑫ No, it was drawn by Ken.

ひとくち英語を入れて言ってみよう！

- ☐ Is it interesting?（面白い？）
- ☐ It's mine.（僕のです！）
- ☐ It's yours.（あなたのです）
- ☐ Whose is this?（誰のですか？）
- ☐ Do you like it?（好きなんですか？）
- ☐ Well...,（え～と）
- ☐ That's nice.（素敵ね！）
- ☐ Are you kidding?（冗談でしょ！）
- ☐ Good job!（やった！）

Chapter 4

6 構文を使ったすらすら英会話

　中学3年生では，文法の他にも，構文というものを学習する。1つ目は，It 〜 for A to... の構文である。いつ頃学習するかは教科書によって違うが，英会話や自分を語る場合には，使用頻度の多い構文であろう。2つ目は，too〜to ... であり，3つ目は，so 〜 that ...cannot である。この2つは，言い換えが可能な表現である。4つ目は，make A+B（A を B にする）という表現である。5つ目は，call A+B（A を B と呼ぶ）である。

主な文法事項	英語構文

・Is it easy for you to learn English ? ― No, it isn't.
・What makes you happy? ― Singing songs makes me happy.
・What can I call you? ― Please call me Bob.

実施時期	中学3年　6〜12月頃
留意点	It 〜 for A to... の表現では，疑問文の答え方に留意させたい。Is it fun for you to play tennis? に対して，Yes, I do. としてしまいがちである。Is it... で聞いているので，答え方はあくまでも，Yes, it is. ／ No, it isn't. となる。ここは丁寧に指導したい。
活動時間	初回10分，2回目以降，授業開始時5分
活動回数	およそ7〜8時間

授業づくりのヒント

インプットしたら，アウトプットの場を設定しよう！

　4人組で行う speaking 活動に「English Salon」というものがある。4人のうち1人がカードを1枚引く。そこに sports と書いてあれば，その話題で簡単な英語を3文程度言う。その後，聞いていた3人が質問をする。次のようになる。

A：My topic is sports. My favorite sport is soccer. I like playing soccer very much. I have played it for 7 years. Do you have any questions?
B：Will you play soccer when you go to high school?
A：Yes, I will.
C：Is it easy for you to play soccer?
A：Yes, it is.
D：Who is your favorite soccer player?
A：Good question. My favorite soccer player is...

中学3年 すらすら英会話

構文を使ったすらすら英会話

① Hello.
② I hear that you are studying English.
③ Is it easy for you to learn English?
④ What do you like to do?
⑤ Is it fun for you to play judo?
⑥ Did you study last night?
⑦ What time did you go to bed?
⑧ What makes you happy?
⑨ What makes you sleepy?
⑩ What can I call you?
⑪ What did you name your dog?
⑫ Who named your cat?
⑬ That's nice. Thank you for talking!

① Hello.
② Yes, I am.
③ No, it isn't. It's difficult for me.
④ I like to play judo.
⑤ Yes, it is.
⑥ No, I didn't. I was too sleepy to study.
⑦ I went to bed at 8:30. I was too tired.
⑧ Singing songs makes me happy.
⑨ Studying English makes me sleepy.
⑩ Please call me Bob.
⑪ I named it "Like".
⑫ My sister named it "Micky".
⑬ You're welcome.

ひとくち英語を入れて言ってみよう！

- ☐ Tell me more. (もっと教えて)
- ☐ Me too. (私も)
- ☐ You too? (あなたも?)
- ☐ Were you tired? (疲れていたの?)
- ☐ How about you? (あなたは?)
- ☐ Nice. (素敵！)
- ☐ I think so too. (私もそう思う)
- ☐ Good question. (いい質問だね！)

Chapter 4
7 間接疑問文を使ったすらすら英会話

　中学3年生で学習する文法の中に,「間接疑問文」がある。疑問詞の後ろが主語+動詞という順番になるところが, やや, やっかいである。そこを, この「すらすら英会話」で口慣らしをし, 使い方を教え, 英作文などで, 確かな力にしていきたい。

主な文法事項	間接疑問文

・Do you know when my birthday is? － Your birthday is May 3rd.
・Tell me what the longest river is in Japan? － Yes. It's the Shinano.
・Guess how old I am. － You are 27 years old.

実施時期	中学3年　1月頃
留意点	間接疑問文の場合は, I know what this is. のように, know という単語が一緒によく使われる。この他にはないか, と考えたところ, Tell me what this is. が使われることに気付いた。さらに,「当ててごらん」という Guess what? の guess（推測する）も, 間接疑問文で扱えるのではないかと考えた。
活動時間	初回10分, 2回目以降, 授業開始時5分
活動回数	およそ4～5時間

授業づくりのヒント

3ステップで文構造を理解する

　間接疑問文は, まず構造として「疑問詞+主語+動詞」という順番になることをしっかり教えなくてはいけない。私の場合, 3つのステップに分け, 理解させる。

〈第1ステップ〉　be動詞の入った疑問文

　（I know ＋) Who are you? → I know who you are.
　　　　　*are と you を入れ替えるだけ。

〈第2ステップ〉　一般動詞の入った疑問文

　（I know ＋) What Japanese food do you like?
　　　　　　→ I know what Japanese food you like.
　　　　　*do を取るだけ。

〈第3ステップ〉　3人称単数現在・過去形の入った疑問文

　（I know ＋) Where does he live? → I know where he lives.
　　　　　*does を取って, live に s を付ける。
　（I know ＋) Where did you go? → I know where you went.
　　　　　*did を取って, go を過去形にする。

中学3年 すらすら英会話

間接疑問文を使ったすらすら英会話

① Hi. How are you?
② Do you know when my birthday is?
③ Do you know who he is?
④ Do you know what the date it is today?
⑤ Do you know what day it is today?
⑥ Do you know what this is?
⑦ Tell me what the longest river is in Japan?
⑧ Tell me who built Ginkakuji?
⑨ Tell me where you went in your winter vacation?
⑩ Please tell me how high TOKYO SKY TREE is?
⑪ Guess what time I went to bed last night.
⑫ Guess how old I am.
⑬ See you.

❶ I'm good.
❷ Your birthday is May 3rd.
❸ Yes, I do. That's Ken.
❹ Yes, I do. It's December 5th.
❺ Yes, I do. It's Monday.
❻ Yes, I do. It's a mirror.
❼ Yes. It's the Shinano.
❽ Yes. Ashikaga Yoshimasa did.
❾ Yes. I went to Nagano to ski.
❿ Yes. It's 634 meters high.
⓫ You went to bed at 10:00?
⓬ You are 27 years old.
⓭ Bye.

ひとくち英語を入れて言ってみよう！

- ☐ That's right.（その通り）
- ☐ I don't know.（知らない）
- ☐ I know.（知っているよ）
- ☐ Is that true?（本当？）
- ☐ Please tell me.（私に教えて）
- ☐ No kidding.（冗談でしょ！）
- ☐ Did you know that?（それ，知っていましたか？）
- ☐ I'm not sure.（わからない）

すらすら英会話

①	What's your name?	①	My name is Yuki.
②	How old are you?	②	I'm 15 years old.
③	When is your birthday?	③	My birthday is November 6th.
④	Where do you live?	④	I live in Kita-machi.
⑤	How do you come to school?	⑤	I come to school by bus.
⑥	What time is it?	⑥	It is 11:20.
⑦	What is the date today?	⑦	It's February 22nd.
⑧	What day is it today?	⑧	It's Wednesday.
⑨	Where are you from?	⑨	I'm from England.
⑩	What sports do you play?	⑩	I play baseball.
⑪	Are you a good baseball player?	⑪	Yes, I am.
⑫	Are you a high school student?	⑫	No, I'm not.
⑬	Are you busy?	⑬	No, I'm not.
⑭	Who is your best friend?	⑭	My best friend is...
⑮	Whose pen is this?	⑮	It's mine. ／ yours. ／ Ken's.
⑯	When do you take a bath?	⑯	I take a bath before dinner.
⑰	What subject do you like?	⑰	I like English and math.
⑱	What is your favorite color?	⑱	My favorite color is orange.
⑲	How tall are you?	⑲	I am 172 cm tall.
⑳	Where is the library?	⑳	It's on the 2nd floor.
㉑	What time do you usually go to bed?	㉑	I usually go to bed at 10:30.
㉒	Is this your pen?	㉒	Yes, it is. ／ No, it isn't.
㉓	Is that your racket?	㉓	Yes, it is. ／ No, it isn't.
㉔	What is your telephone number?	㉔	My telephone number is 71-2311.
㉕	What is this?	㉕	It's a snake!
㉖	What is that?	㉖	It's my school.
㉗	What are these?	㉗	They are my shoes.
㉘	What are those?	㉘	They are my birds.
㉙	What are you doing now?	㉙	I'm watching TV.
㉚	Which is your desk?	㉚	This one is.

中3のまとめ② すらすら英会話

① How do you do?
② What's your first name?
③ What's your family name?
④ Nice to meet you.
⑤ Did you watch TV last night?
⑥ How long did you watch TV?
⑦ What time did you get up this morning?
⑧ What time did you go to bed?
⑨ Were you sleepy last night?
⑩ What did you do last night?
⑪ Where did you go last weekend?
⑫ How did you go there?
⑬ Who did you go with?
⑭ Where were you last Sunday?
⑮ What were you doing at 8:00 last night?
⑯ What were you doing at school?
⑰ What did you eat for breakfast?
⑱ Will you study tonight?
⑲ Where will you go this Sunday?
⑳ Why will you go there?
㉑ What time will you go to bed tonight?
㉒ Do you like to read books?
㉓ What do you like to do?
㉔ What do you want to be in the future?
㉕ Where do you want to go in the future?
㉖ Why do you want to go there?
㉗ What do you like doing?
㉘ Which do you like better, soba or udon?
㉙ What season do you like the best?
㉚ Why?

① How do you do?
② My first name is Yuki.
③ My family name is Suzuki.
④ Nice to meet you, too.
⑤ Yes, I did. / No, I didn't.
⑥ I watched TV for 2 hours.
⑦ I got up at 6:00 this morning.
⑧ I went to bed at 11:30.
⑨ Yes, I was. / No, I wasn't.
⑩ I studied English.
⑪ I went to Tokyo.
⑫ I went there by train and bus.
⑬ I went there with my family.
⑭ I was at school.
⑮ I was taking a bath.
⑯ I was playing soccer games.
⑰ I ate egg, rice and miso soup.
⑱ Yes, I will. / No, I won't.
⑲ I will go to Osaka.
⑳ I will go there to buy clothes.
㉑ I will go to bed at 10:30.
㉒ Yes, I do. / No, I don't.
㉓ I like to sing songs.
㉔ I want to be a pilot.
㉕ I want to go to Italy.
㉖ Because I like to eat Italian food.
㉗ I like playing shogi.
㉘ I like udon better.
㉙ I like summer the best.
㉚ Because I have a long vacation.

中3のまとめ③ すらすら英会話

① Hi, how are you going?
② Do you go to juku?
③ How often do you go to juku in a week?
④ When do you go to juku?
⑤ How long have you lived in this town?
⑥ What sports do you play?
⑦ When did you begin playing it?
⑧ How long have you played it?
⑨ Have you ever been to Kyoto?
⑩ How many times have you been there?
⑪ Have you seen Mt. Fuji?
⑫ Have you done your homework yet?
⑬ Is it fun for you to study English?
⑭ What is the most important thing?
⑮ Which is more fun, music or P.E.?
⑯ Who is the oldest boy in this class?
⑰ Who is the youngest teacher?
⑱ What is the highest mountain in Japan?
⑲ What makes you happy?
⑳ What do you call Kenji?
㉑ Do you know what this is?
㉒ Tell me where you want to go in Japan?
㉓ Guess how old I am.
㉔ Who is the boy talking over there?
㉕ Is this pencil-case made in China?
㉖ Are you good at playing shogi?
㉗ Are you interested in English?
㉘ What is your nickname?
㉙ How long does it take from here to your house?
㉚ How far is it from here to your house?

① I'm good.
② Yes, I do. ／ No, I don't.
③ I go to juku twice a week.
④ On Mondays and Fridays.
⑤ I have lived here for 15 years.
⑥ I play basketball.
⑦ I began playing it 5 years ago.
⑧ I have played it since 2008.
⑨ Yes, I have. ／ No, I haven't.
⑩ I've been there once.
⑪ Yes, I have. ／ No, I haven't.
⑫ Yes, I have. ／ No, I haven't.
⑬ Yes, it is. ／ No, it isn't.
⑭ It's a family.
⑮ P.E. is more interesting.
⑯ Kenji is the oldest.
⑰ Ms. Inoue is the youngest.
⑱ Mt. Fuji is the highest.
⑲ Playing soccer makes me happy.
⑳ We call him Ken.
㉑ Yes. It's a magic book.
㉒ I want to go to Hiroshima.
㉓ You are 25 years old.
㉔ That's a new student, Tom.
㉕ Yes, it is. ／ No, it isn't.
㉖ Yes, I am. ／ No, I'm not.
㉗ Yes, I am. ／ No, I'm not.
㉘ My nickname is Tacky.
㉙ It takes 20 minutes on foot.
㉚ It is 1.2kms.

Chapter 5

場面別に使える！「すらすら英会話」

Chapter 5

1 ファーストフード店の場面でのすらすら英会話

　ファーストフード店での会話である。実際は，このようなスムーズな会話にならない。私が行ったアメリカのファーストフード店には，「ケチャ！」「ケチャ！」と客に向かって叫んでいる販売員がいた。私は列に並び，その様子を見ていた。その「ケチャ！」というのは，実は「ケチャップ」と言っていたのである。そのことがわかり，安心して，"Yes, please."と言うことができた。

主な表現	ファーストフード店で ・Can I have two hamburgers and one orange juice, please. ・For here or to go? － To go. ・How much is it? － It's $5.50.
実施時期	中学1年　11月頃
留意点	ファーストフード店での基本表現は，主に4つである。 ❶ Can I have ～, please?（～ください） ❷ For here or to go?（ここで食べますか？　お持ち帰りですか？） ❸ To go.（持ち帰りです）／ For here.（ここで食べます） ❹ How much is it?（いくらですか？） この4つを覚えさせた後，実際に注文をし合い，料金も計算させる。
活動時間	初回10分間
活動回数	およそ1～2時間

授業づくりのヒント

英語教師は海外に出よう！　ネイティブ英語に学ぶ！

　It's $5.50. これを通常，どのように言うだろうか。
　It's 5 dollars and 50 cents.（5ドル50セントです）と通常私たちは習うが，アメリカではどうだろうか。
　実はこれは数字だけを言うのである
　"Five fifty." と言う。
　私は2度アメリカに行き，2度共，レジを通る際に言われる値段になかなか慣れなかった。
　45ドル30セントなら，"Forty-five thirty." と言う。
　NHKで以前放送していたドラマ「フルハウス」でも，ピザを頼んで，値段を数字だけで言っていた。
　私たちが教科書で習う英語が，時には，ネイティブと違うこともあるのである。

すらすら英会話

ファーストフード店の場面でのすらすら英会話

① Next, please.

② Large or small?

③ For here or to go?

④ Here you are.

⑤ It's $5.50.

⑥ It's $5.50.

⑦ Yes, it's 5 dollars and 50 cents.

⑧ Here is your change.

⑨ Have a good day.

⑩ Bye.

① Yes. Can I have two hamburgers and one orange juice, please.

② Small, please.

③ To go.

④ Thank you. How much is it?

⑤ Pardon?

⑥ 5.50?

⑦ I see. Here it is.

⑧ Thank you.

⑨ You too.

⑩ Bye.

Menu

[Hamburger] $ 2.00

[Hot dog] $ 2.50

[Cheeseburger] $ 3.50

[French Fries] small $ 1.50 / large $ 2.00

[Juice]

orange juice	$ 1.50
coke	$ 1.50
coffee	$ 2.20
milk	$ 1.00
water	$ 1.50

Chapter 5

2 空港・入国審査の場面でのすらすら英会話

　入国審査では，こんな決まった英語を本当に言うのか，と思ったら，きちんとシナリオ通りに言う審査官が多い。私は"Where will you go?"（どこに行くの？）と聞かれ，本当は，"Walt Disney World"と言いたかったが，ついつい言い慣れている"Tokyo Disneyland！"と言ってしまったら，審査官は笑っていた（実話）。今回は入国審査の場面会話である。

主な表現	空港で（入国審査） ・Passport, please. ・What's the purpose of your visit? 　— Sightseeing. ／ On business. ／ On vacation. ・Where are you going to stay? — At Marine Hotel.
実施時期	中学2年　7月頃
留意点	入国審査は，非常に厳しい雰囲気の中で行われる。次の人はラインのところで待っていなくてはいけない。また，帰りのチケットを持っていないと入国できない。そのような厳粛な場所であるので，英語の練習も真剣に行わせたい。また，ユーモアや冗談がきかない場所である。以前，"This is a bomb."と言って飛行機が引き返し，2000万円の損害賠償請求を受けた日本人もいるということも重ねて生徒に教えたい。
活動時間	10分間
活動回数	およそ1〜2時間

授業づくりのヒント

イギリス英語とアメリカ英語

イギリス英語とアメリカ英語には違いがある。

例えば，帰りのチケット。イギリスでは，return ticketと言う。

アメリカでは，round trip ticketと言う。

また，機内の荷物を入れるところを，イギリスでは，compartmentと言う。

アメリカでは，overhead binと言う。

生年月日の書き順も違う。

日本やアメリカでは，「年→月→日」の順で書く。

しかし，入国審査カードにあるように，イギリスでは，「日→月→年」という順番で書くのである。

このようなことも，言語文化として，生徒に指導しておきたい。

すらすら英会話

空港・入国審査の場面でのすらすら英会話

① Passport, please.

② What's the purpose of your visit?

③ Where are you going to stay?

④ How long are you going to stay?

⑤ Do you have a return ticket?

⑥ OK. Have a nice trip.

❶ Here you are.

❷ Sightseeing.（観光で）
On business.（仕事で）
On vacation.（休暇で）

❸ At Marine Hotel.

❹ About one week.

❺ Yes, I do. Here it is.

❻ Thank you.

LANDING CARD

Family Name
_____

First Name(s)
_____

☐ M ☐ F   Date of birth D D M M Y Y Y Y

Town and country of birth
_____

Nationality   Occupation
_____   _____

Contact address in the UK (in full)   Passport number
_____   _____

Chapter 5

3 道案内の場面でのすらすら英会話

　道案内では,「道を尋ねる言い方」も「道を教える言い方」もどちらも必要な表現である。これもまずは基本的な表現をしっかり教え,使いながら,習得させたい。まずは,「まっすぐに行って」（Go along this street.）が定番で,次に「右に曲がって」（Turn right.）,「3番目の角で」（at the third corner）,「左側にあります」（It's on your left.）,「すぐにわかりますよ」（You can't miss it.）などの表現をマスターさせよう。

主な表現	道案内の表現 ・Go along this street. ・Turn right at the third corner. ・It's on your left. ・You can't miss it.
実施時期	中学2年　10月頃
留意点	日本語で道案内をすると「右に曲がってください」のように,「～してください」と表現する。しかし,これを「Turn right, please.」とは言わない。英語では命令文なのである。生徒にこのことを教えておかないと,ついついpleaseを使ってしまうので,注意したい。
活動時間	20分間
活動回数	およそ1～2時間

授業づくりのヒント

ネイティブの道案内

　日本でもそうであるが,道案内はシナリオ通りにいかない。私が海外に行って,場所を尋ねると,ほとんど"Go along this street, and turn right at the next corner."（この道をまっすぐに行って,次の角を右に曲がります）などとは言ってくれない。"You see that building, turn right there."（あそこにビルがあるだろう。そこの角を右に曲がって…）などと,早口で言われる。（え？　日本で学習した道案内とは違うじゃん。）と思った。でも,何とか聞き取って,目的地に向かった。（な～んだ。Go straight and... なんて,いつも言っているとは限らないんだ。）と思った。私が初めてオーストラリアに行った時の体験である。

　なので,私は生徒には,基本表現を教えるが,時には,体験談を生徒に話し,実際の場面では日本で道案内する時と同じような案内の仕方をするということを語ってきた。やはり,英語教師は海外に出て,英語に触れる機会が多く欲しい。

すらすら英会話

道案内の場面でのすらすら英会話

① Excuse me.
How can I get to the station?

❶ Go along this street, and turn right at the second corner. Then turn left at the next corner. It's on your right.
You can't miss it.

② Thank you.

❷ You're welcome.

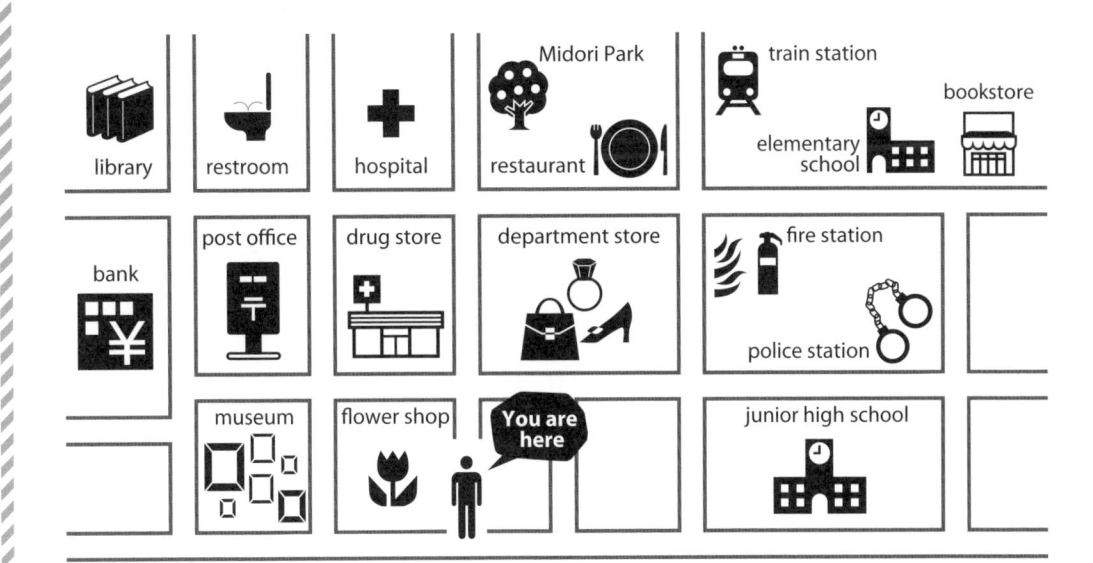

[Map showing: library, restroom, hospital, Midori Park restaurant, train station, elementary school, bookstore, bank, post office, drug store, department store, fire station, police station, museum, flower shop, You are here, junior high school]

🍀 道案内で使える表現

- ☐ まっすぐ行ってください。　▶ Go straight and...
- ☐ 右（左）に曲がります。　▶ Turn right. ／ Turn left.
- ☐ 3番目の角を　▶ at the third corner
- ☐ 2つ目の信号を　▶ at the second traffic light
- ☐ 左側にありますよ。　▶ You'll find it on your left. ／ It's on your left.
- ☐ ～はどこですか？（どこにありますか？）
  ▶ Where is the ～? ▶ How can I get to the ～? ▶ Could you tell me the way to the ～?
- ☐ AはBの隣にあります。　▶ A is next to B.
- ☐ AはBの反対側にあります。　▶ A is across from B.
- ☐ AはBの斜め向かいにあります。　▶ A is kitty corner from B.
- ☐ 今ここにいます（現在地）。　▶ You are here.

Chapter 5
4 電話でのすらすら英会話

　電話は海外旅行でホテルに滞在した際，フロントにかけたりして使用する機会がある。これも基本的な，「もしもし」（Hello.）という表現に始まり，「こちらは～ですが」（This is ～.）「～さんいますか」（Can I talk to ～?）「あいにくいません」（Sorry, ～ is out now.）などのいくつかの表現をマスターさせ，後は伝える用件を言えればよい。さらに「行きます」（I'll come.）や，「僕はケンですが」（This is Ken.）などの言語文化などにも触れて指導したい。

主な表現	電話での表現 ・Hello.　・Can I talk to ～?　・Speaking. ・Sorry, ～ is out now.　・This is Ken.　・You have the wrong number.
実施時期	中学2年　1月頃
留意点	基本的な表現を教えた後に，実際にスキットのような形で活動させる活動形態となる。要は，中身である。いくら，電話での表現が言えたからと言って，肝心の用件が伝えられなかったり，聞き取れなかったりしていてはだめである。そこで，即興のロールプレーやスキットなどを作らせながら，「伝える英語力」を育てていきたい。あくまでも中身を正確に伝える練習として授業を考えたい。
活動時間	20分間
活動回数	およそ1～2時間

授業づくりのヒント

どうして hang up が「電話を切る」という意味なの？

こんな話がある。
"Hang up, please." と言われると受話器を持ち上げ，ずっと待つ。
"Hang on, please." と言われると，受話器を下ろして，電話を切る。
日本的な考え方である。
Hang up. の up で，持ち上げる，というイメージがある。
on で，「～の上に置く」というイメージになる。
しかし，表現はまったくの逆である。
Hang up the phone, please. で「電話をいったん切ってください」というような意味になる。
逆に Hang on, please. で，「電話を切らずに待っていてください」となる。
なぜ「電話を切る」が，Hang up なのか。そこに言語文化が潜んでいる。

すらすら英会話

電話でのすらすら英会話

① Hello?

① Hello.
This is Ken. May I speak to Maki?

② Speaking.

② Hi, Maki.
Are you free this afternoon?

③ Yes, but why?

③ My friend Jack will come to my house.
Why don't you come?

④ What time should I come to your house?

④ Can you come around 3 o'clock?

⑤ Sure. I'll come to your house around 3:00.

⑤ OK. That sounds nice.
I'll see you at 3:00 in my house.

⑥ All right. See you.

⑥ Bye.

電話で使える表現

- □ もしもし。 ▶Hello.
- □ 私は〜ですが。 ▶This is 〜. ／ This is 〜 speaking.
- □ 〜さんはいますか？ ▶Can I talk to 〜? ／ May I speak to 〜? ／ Is 〜 there?
- □ 私ですが。 ▶Speaking.
- □ あいにく出かけています(不在です)。 ▶I'm sorry, but 〜 is out now. ／ Sorry, 〜 isn't home.
- □ 何か伝言はありますか？ ▶Would you like to leave a message? ／ Shall I take a message?
- □ 伝言を残してもいいですか？ ▶Can I leave a message?
- □ 電話を切らずに待っていてください。 ▶Hold on a minute, please. ／ Hang on, please.
- □ 電話を切ってください。 ▶Hang up, please.
- □ じゃ、3時に行きます。 ▶I'll come to 〜 at 3 o'clock.
- □ 間違い電話です。 ▶I think you have the wrong number.
- □ 何時頃帰ってきますか？ ▶When can I catch 〜?

Chapter 5
5 体調を尋ねる場面でのすらすら英会話

　海外に出かける前には，いざという時のために，自分の体調を伝える英語は身につけておきたい。もしもの時には，近くにいる人に"Excuse me, I feel sick."（すみません。具合が悪いのですが…）とでも伝えれば，その後は何とかなるだろう。また，病院に行った時のために，Are there any people who can speak Japanese?（誰か日本語が話せる人はいませんか？）という英語も知っておくと便利であろう。

主な表現	体調を尋ねる・伝える ・What's wrong?　・That's too bad.　・I feel sick today. ・You should go to see a doctor.　・I have a cold.
実施時期	中学2年　2月頃
留意点	難しいことを易しく…は常に考えなくてはいけないことである。病気の時の表現は，「ここまで教えなきゃ」と考えると，難しいことまで教えたくなる。しかし，相手は中学生である。ごくごく基本的な表現を教え，それでいざという時は，何とか切り抜けさせたいものである。
活動時間	20分間
活動回数	およそ1〜2時間

授業づくりのヒント

体温が120度？　何で！

洋書を読んでいてびっくりした表現があった。
それは，次のような会話である。
　Mother：My son has a high fever.
　Doctor：How much degrees?
　Mother：120 degrees.
正直びっくりした。
（え？　120度？）
（いくら high fever とは言え，ありえない！）
その後，すぐに思い起こした。
（ああ，ファランハイトか〜。）
日本とアメリカの気温の表し方が違うので，こういうことも，病気の表現と併せて，教えてあげるとよいのではないか。

すらすら英会話

体調を尋ねる場面でのすらすら英会話

【友達との会話】

① Hi. You don't look well. What's wrong?

② That's too bad. Do you have a fever?

③ You should go to see a doctor.

① I feel sick today.

② Yes, I think so.

③ I will.

【病院で】

① How are you today?

② Let me see. Let's take your temperature.

③ Well, you have a fever of 100 degrees.

④ Oh, it's 100 degrees Fahrenheit. That is … about 38 degrees Celsius.

⑤ Take this medicine after each meal.

① I feel cold. I think I have a cold.

② Thank you.

③ 100 degrees? Oh, my god.

④ I see. I thought I had so much high temperature.

⑤ Thank you very much.

体調を伝える・相手に声をかける英語表現

- ☐ お腹が痛い。 ▶ I have a stomachache.
- ☐ 鼻水が出る。 ▶ I have a running nose.
- ☐ 目がかゆい。 ▶ My eyes are itchy.
- ☐ せきが出る。 ▶ I have a bad cough.
- ☐ 背中が痛い。 ▶ My back hurts.
- ☐ 熱がある。 ▶ I have a fever.
- ☐ 歯が痛い。 ▶ I have a toothache.
- ☐ かぜをひいている。 ▶ I have a cold.
- ☐ 吐き気がする。 ▶ I feel like vomiting.
- ☐ ここが痛いんですが。 ▶ I have a pain here.
- ☐ 気分がよくないようですね。 ▶ You don't look well.
- ☐ 熱があるみたいです。 ▶ I think I have a fever.
- ☐ 大丈夫ですか？ ▶ Are you all right?
- ☐ 御大事に。 ▶ Take care.
- ☐ 休んだ方がいいですよ。 ▶ You should take a rest. ／ You should rest.

Chapter 5

6 買い物をする場面でのすらすら英会話

　海外に出かけた時，必ず，買い物はするだろう。そんな時のために，「～はどこで売っていますか？」「～はありますか？」「いくらですか？」「安くしてくれる？」「試着してもいいですか？」「これにします」などのいくつかの表現は覚えておきたい。

主な表現	買い物をする ・Do you have bags?　・How much is this?　・Can you make it cheaper? ・Do you have blue ones?　・Can I try these on?　など
実施時期	中学3年　6月頃
留意点	一番便利な表現は，Do you have ～? である。これだけで，「～ありますか？」と尋ねることができる。"Where is ～?" などと言わなくても，デパートに行って，「トイレはありますか？」なら，"Excuse me, do you have a restroom near here?" などとも言える。そんな基本表現がすらすら言え，いざという時に思い出せることが大切である。
活動時間	20分間
活動回数	およそ1～2時間

授業づくりのヒント

即興のなりきり会話

　ロールプレーという方法がある。中学3年生で私は実践した。でも，私のものは少し違うかも知れない。それは，次のように書いてあるカードのうち1人にはAのカード，もう1人にはBのカードを配り，ペアで即興のなりきり会話をするのである。

> 【Aカード】
> あなたは買い物に行きます。欲しいものは「青い靴」．でも，なければ，「赤」でもいいです。サイズは「28」。3000～4000円が予算。

> 【Bカード】
> あなたは店員です。店長から靴を売ってこいと言われました。色は，赤，白，黒，オレンジがあります。サイズは26と27はなく，24，25，28，29が残っています。値段はできたら5500円で売りたいが，4000円までならまけてもいい，と店長から言われています。

　最初，1分間カードを読ませ，どんな英語を使ったらいいかを考えさせ，始めるようにした。

すらすら英会話

買い物をする場面でのすらすら英会話

【売り場を尋ねる】
① Excuse me. Do you have bags?
 (Where can I buy a bag?)
 I'm looking for a present for my sister.

❶ Sure. This way, please. (It's over there.)
 OK. I'll show you.

【値段を尋ねる・包んでもらう】
① How much is this?

❶ It's 250 dollars.

② That's too expensive.
 Can you make it cheaper?

❷ How about ... 150?

③ OK. I'll take it. Can you wrap it?

❸ No, we can't. We just put it in a paper bag. Is that OK?

④ I understand.

【色やサイズを注文する】
① How much are these shoes?

❶ They are 60.

② Do you have blue ones?

❷ Yes. Here it is.

③ Do you have a little smaller ones?

❸ OK. Let me see. Here!

④ That's cool. I'll take them.

❹ Thank you.

【ズボンを試着する】
① Can I try these on?

❶ Sure.

② Where is the fitting room?

❷ I'll show you. Follow me.

買物で使える表現

☐ すみません。 ▶Excuse me.
☐ 〜はありますか？ ▶Do you have 〜？／Where can I buy 〜？
☐ これはいくらですか？ ▶How much is this?／How much are these?
☐ 高いね。 ▶That's expensive.
☐ 少しまけてくれない？ ▶Can you make it cheaper?
☐ これにします。 ▶I'll take this.（I'll take these.）
☐ 着てみてもいいですか？ ▶Can I try this on?／Can I try these on?
☐ 包んでもらえますか？ ▶Can you wrap it?

Chapter 5
7 電車の案内をする場面でのすらすら英会話

　韓国に行った時，私は電車（地下鉄）に乗った。まずは切符を買うところから…。改札でも最初は戸惑った。電車には約１時間以上も乗った。アナウンスはすべて韓国語。娘が韓国語を習っていたので，助けられながら，目的地に着いた。電車で必要となる情報は，「今，どこなのか」「あと，何駅で着くのか」「通り過ぎていないか」「どこで乗り換えるのか」などである。最終的には，目的地の地図や駅名を見せて，乗り切る。語学に自信がなければそうやって乗り切る手段もあるのである。

主な表現	電車に乗る
	・Could you tell me how to get to TOKYO SKYTREE?
	・Where should I get off?
	・How many stops is Nara from here?
	・Does this train go to Hakata Station?
	・Which train should I take to Sapporo Station?　　など
実施時期	中学３年　６月頃
留意点	「電車に乗り換える」は，複数形になる。Change trains at Shinjuku Station.（新宿駅で乗り換えてください）のように，train が trains となる。なぜなら電車から電車へと乗り換えるので，複数というわけである。そんなことも，この場面会話で触れたい事柄である。
活動時間	20分間
活動回数	およそ１～２時間

授業づくりのヒント

同じ「乗る」でも，英語では違うの⁉

　子どもたちが「あれ？」「へ～」と思えるようなことを持ち込むとよい。例えば，同じ「乗る」でも，乗り物によって変わる。これを表にまとめてみよう。

	乗る	降りる
車 (car)	get in	get out of
バス (bus)	get on	get off
電車 (train)	get on	get off
飛行機 (plane)	go on board	get off

　なぜ自動車が get in でバスが get on なのか。これも言語文化の深い訳がある。

すらすら英会話

電車の案内をする場面でのすらすら英会話

【行き方を尋ねる】

① Excuse me.
Could you tell me how to get to TOKYO SKYTREE?

① Sure. Take the train from track number 6, change to the Tobu Line at Asakusa Station.

② Where should I get off?

② At TOKYO SKYTREE Station.

③ How much is the fare?

③ That's 200 yen.

④ Thank you.
Oh, I have one more question.

④ Yes.

⑤ How long does it take from here?

⑤ It takes about 30 minutes.

⑥ Thank you.

⑥ That's my pleasure.

【あと何駅で着くか尋ねる】

How many stops is Nara from here?

It's seven stops.

【どの電車に乗ればいいか尋ねる】

Which train should I take to Sapporo Station?

Take the train from track 5.

【電車が目的地に行くか尋ねる】

Does this train go to Hakata Station?
Does this train stop at Hakata Station?

Yes, it does. / No, it doesn't.

電車の案内で使える表現

- 〜には，どうやって行ったらいいですか？
  ▶ How can I get to 〜? / Could you tell me how to get to 〜? / Will you tell the way to 〜?
- どのくらい時間がかかりますか？　▶ How long does it take from here?
- 料金はいくらになりますか？　▶ How much is the fare?
- どの電車に乗ればいいですか？　▶ Which train should I take?
- 〜駅で乗り換えてください。　▶ Change trains at 〜 Station.

Chapter 5
8 レストランでのすらすら英会話

　外国のレストランの困ったところは，メニューを見ても，どんな料理か想像がつかないところである。日本のように，写真はめったにない。料理名とその下にどのような食材があるのか，英語で書かれている。時には，日本語メニューもあるので，"Do you have a Japanese menu?"などと聞けばよい。でもせっかく海外に出かけたのだから，英語のメニューを読みたいものである。

　今回は，レストランでの場面会話である。

主な表現	レストランで ・I'll have a steak and green salad.　・What do you have? ・Do you have 〜?　・Check, please?　・Can I have water? など
実施時期	中学3年　6月頃
留意点	やはり授業では，「模擬メニュー」を用意しておき，料理を頼む場面会話を習熟させたい。基本的な用語はそんなに多くはないので，それをもとにロールプレーなどをさせ，活用力の育成を図りたい。
活動時間	20分間
活動回数	およそ1〜2時間

授業づくりのヒント

世界のチップ制度。また，どうしてTIPって言うの!?

アメリカ，カナダ，ヨーロッパなどではチップの習慣がある。

国名	レストラン	タクシー	ポーター	メイド
アメリカ	10〜20%	10〜15%	$1.0〜2.0	$1.0
イギリス	10〜15%	10%	£0.5〜1.0	£0.5
フランス	10%	10%	€2.0	€1.0
イタリア	10〜15%	10%	€1.0	€1.0
ドイツ	10〜15%	10%	€0.5〜2.0	€1.0

　さて，イギリスのカフェやパブでのことである。"To Insure Promptness"（迅速さを保証するために）と書いた箱を店先に置いておき，怠けがちな店員にきちんと仕事をしてもらうために始まったのが，このチップ制度と言われている。To Insure Promptnessの文字をよく見てほしい。チップは心地よいサービスへのささやかな投資であり，その頭文字をとってTIPとしたということである。

すらすら英会話

レストランでのすらすら英会話

【レストランに到着】

（店員）
① Hi. How many people?
② OK. Would you like a table by the window?

（お客）
❶ We are four.
❷ At the corner, please.

【注文する】

（店員）
① May I take your order?
② How would you like your steak?
③ What kind of dressing would you like on your salad?
④ We have Thousand island, Italian and Ranch dressing.
⑤ Anything else?

（お客）
❶ Yes, please. I'll have a steak and green salad.
❷ Well-done, please.
❸ What do you have?
❹ Ranch dressing, please.
❺ Can I have water?

【支払う】

（お客）
① Check, please?
② Here is your tip.

（店員）
❶ Yes. Here is your bill.
❷ Thank you.

🌐 外国のチップ制度！～チップって知っていますか？～

　チップとは，外国に行って，レストランやタクシー，ホテルのボーイなどにお礼としてあげるものです。国によって違いますが，アメリカの場合基本的にレストランでは10～20％のチップをあげます。つまり，5000円の料理を食べたら給仕してくれた人に500円～1000円のお礼をするわけです。意外と高くつきますが，これをケチってはいけません。彼らはチップで生活しているのですから。どの国がチップが必要か調べてみるのもいいですね。

英語コラム

「言語文化」がぎっしり！　場面別英会話

「場面別英会話」には，言語文化が盛りだくさんである。

例えば，「もしもし」という表現。英語では"Hello."と言う。決して，日本語の「もしもし」のように，"Hello. Hello."と2回続けることはしない。では，なぜ英語では"Hello."と言うのだろうか。これを考えることが「言語文化」（= culture in language）である。

言語の中には，文化が残っている。靴を入れるところを「下駄箱」と言う。でも，下駄をはいている人はいない。では，なぜ下駄箱と言うのか。それは昔，日本人は下駄をはいていたからである。文化が言語に残っているのである。

チャンネルを「回す」と言う。昔のテレビはチャンネルをカチャカチャと回していた。そこから「回す」という言語が残った。今ではチャンネルを「押す」だろうか。

鉛筆や消しゴムを入れるものを，「筆箱」と言う。昔，日本人は筆を使っていたという文化が言葉に残っている。これが「言語文化」なのである。

当然英語にも「言語文化」はある。

「車に乗る」は，Get in the car. であり，「バスに乗る」は，Get on the bus. である。なぜバスの時は，on を使うのだろうか。これも「言語文化」になる。

「電話を切る」は，なぜ up（= hang up the phone）なのか？

電話で「6時に行きます」では，なぜ"I'll come at 6:00."と come を使うのか。

そういう文化・習慣が，場面英会話でも，特有表現として多く出てくるのである。

特有表現を知っていることが，「言語や文化についての知識・理解」になる。

電話に出て，「僕はタケシだけど」と言う時は，"This is Takeshi."となり，"I am Takeshi."とは言わない。「～さんいますか」は，「～さんと話ができますか」と同じで，"Can I talk to ～?"となる。「私です」は，"Speaking."と言う。"Speaking."と言われたので，（ああ，話し中か？）と思って電話を切ってしまったという笑い話がある。

「知識は力なり」。場面英会話は，知っていることが大事なのである。

道案内で，日本語では「右に曲がってください」と言うが，英語では"Turn right at the corner."と「命令文」で言う。決して，"Please turn right."とは言わない。これも日本語にはない文化としての英語の「言語文化」というわけである。

飛行機に乗る。日本では，1418便（千四百十八便）と言うが，英語では，"One four one eight."と数字をそのまま言う。これも言語文化。

買い物をしてレジ（cashier）で，"Nineteen fifty."と言われ，19ドル50セントであることを理解する。アメリカでは単に数字を言うだけである。これを知っていることも言語文化である。「言語文化」の話はどちらかと言うと，英語のできる子が目を輝かせ，聞いている。

Chapter 6

中学3年間でぜひ身につけたい！
「ひとくち英語」ベスト100

Chapter 6

1 ひとくち英語

　「はじめに」で私は「ある時地区の中学校を回っているALTが，『何でこの学校の生徒は，英語がそんなに出てくるの？』と不思議そうに私に聞いてきた。私にとっては，英語が生徒から出てくる理由はいくつかあると考えられたが，この時，その教室の事実を作っているものは，『すらすら英会話』だと確信していた」と書いた。

　他の要素とは，まぎれもなく「ひとくち英語」である。私は，『小学校英語を楽しく！"ひとくち英語"日めくりカード集－4年生用・5年生用・6年生用』（明治図書）で，220表現×3学年＝660表現の「ひとくち英語」を編集した。

　これは，CD－ROM付きで一太郎のソフトが入っていれば，印刷可能である。

　日付だけ変えれば，毎年使える。

　それを私は毎朝，職員室前の廊下に掲示した。

　生徒はそこの前を通ると，"I see your point!" "Good luck." "Let me see…,"などの英語を言っていた。それが職員室内にも聞こえ，学校内に英語が飛び交うようになったのである。

主な表現	ひとくち英語100 ・I'm shocked.　・Are you kidding?　・Great.　・Ouch. ・I mean…,　・Are you sure?　・Tell me the truth.　など
実施時期	中学1～3年（いつでもどこでも）
留意点	25個あるものを，すべて覚えさせようとしない。「8割の20個が言えれば合格。それ以上覚えたら優秀」というくらい，合格点を下げる。これも数回繰り返し，褒めながら，1つでも多くの表現が言えるようにしたい。
活動時間	5分間
活動回数	およそ4～5時間

授業づくりのヒント

やり方は同じ！　ジャンケンに勝ったらラッキー，日本語を言うだけ。

　授業には"遊び"が必要である。ジャンケンに勝ったら日本語を言う。負けた人は英語を言う。そしてだんだんと見ないで言わせる。時には，ペアで言えた表現には○を，言えなかったものには×をするなど，チェックさせていくこともする。そして半分言えていたら，「すご～い」と言って褒める。量が多ければ，「1番から10番まで」のように分けてもよい。

　この「ひとくち英語」も生徒に楽しい雰囲気の中，身につけさせることは可能である。

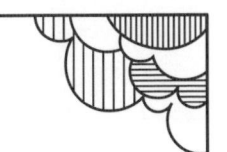

ひとくち英語 ① 1 → 25

#	日本語	#	English
①	本当？	①	Really?
②	私も。	②	Me too.
③	あなたも？	③	You too?
④	もう一度言って！	④	Pardon?
⑤	ごめんなさい。	⑤	I'm sorry.
⑥	ゆっくり話してください。	⑥	Please speak slowly.
⑦	わからない。	⑦	I don't know.
⑧	教えて！	⑧	Please tell me.
⑨	冗談でしょ！	⑨	Are you kidding?
⑩	冗談じゃないよ！	⑩	I'm not kidding.
⑪	楽しい！	⑪	It's so fun.
⑫	わかった。	⑫	I see.
⑬	痛い！	⑬	Ouch!
⑭	どうしたの？	⑭	What happened?
⑮	大丈夫？	⑮	Are you all right?
⑯	面白い？	⑯	Is it fun?
⑰	助けて〜。	⑰	Help me.
⑱	すごい！	⑱	Great!
⑲	その通り。	⑲	That's right.
⑳	え〜と。	⑳	Well.
㉑	ショック！	㉑	I'm shocked!
㉒	いいね！	㉒	Nice.
㉓	かっこいい！	㉓	Cool.
㉔	なんで？	㉔	Why?
㉕	本気？	㉕	Are you sure?

自己評価してみよう ◎ よくできた ○ できた △ もうすこし × まだまだ

項目	日にち						
	/	/	/	/	/	/	/
① すらすら言えるようになった。							
② 見ないでも言えるようになった。							

ひとくち英語 ❷
26 → 50

26	いくら？	How much?
27	安いよ。	It's cheap.
28	秘密だよ。	It's a secret.
29	私の番だよ！	It's my turn.
30	わかりますか？	Do you understand?
31	気を付けて。	Be careful.
32	見せて！	Show me, please.
33	やったね！	You did it!
34	頑張れ！	Good luck.
35	頑張るよ！	I'll do my best.
36	特に何も。	Nothing special.
37	ちょっと待って！	Just a moment.
38	時間をください。	Give me time.
39	〜でしょ！	〜, right?
40	以上です。	That's all.
41	それは絶対だね。	It's a must.
42	ヒントをちょうだい！	Give me a hint.
43	紙が1枚足りません。	One more paper, please.
44	紙が余りました。	Extra paper.
45	どうぞ（と物を渡す）。	Here you are.
46	ありがとう！	Thank you!
47	どういたしまして。	You're welcome.
48	いい1日を！	Have a good day.
49	終わったよ。	I'm finished.
50	気にするな！	Don't mind.

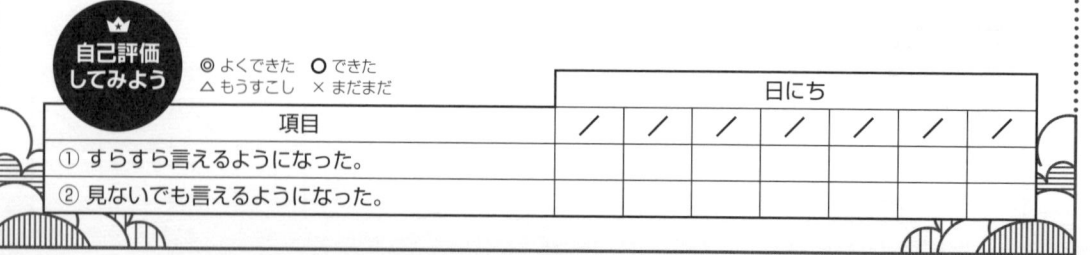

自己評価してみよう
◎ よくできた　○ できた　△ もうすこし　× まだまだ

項目	日にち						
	/	/	/	/	/	/	/
① すらすら言えるようになった。							
② 見ないでも言えるようになった。							

ひとくち英語 ③
51 → 75

51	あやしいな〜。	51	It's a fishy story.
52	真実を教えて！	52	Tell me the truth.
53	忘れました。	53	I forgot.
54	見てもいいですか？	54	May I see this?
55	辞書を英語で何と言いますか？	55	How do you say "jisho" in English?
56	「デイクショナリー」のスペリングは？	56	How do you spell "dictionary"?
57	やってみて（試してみて）。	57	Try this.
58	すごい！	58	That's great.
59	私にやらせて！	59	Let me try.
60	急いで！	60	Hurry up.
61	覚えていません。	61	I don't remember.
62	信じられな〜い。	62	Unbelievable.
63	次の時に。	63	Next time.
64	楽しかった？	64	Was it interesting?
65	どうだった？	65	How was it?
66	知らなかった！	66	I didn't know that.
67	もちろん。	67	Sure. ／ Of course.
68	いい質問だね！	68	Good question.
69	もっと教えて！	69	Tell me more.
70	あなたは？	70	How about you?
71	私もそう思います。	71	I think so too.
72	私はそう思いません。	72	I don't think so.
73	僕のです！	73	It's mine.
74	素晴らしい！	74	Wonderful.
75	変だね。	75	It's strange.

自己評価してみよう
◎ よくできた　○ できた　△ もうすこし　× まだまだ

項目	日にち						
	／	／	／	／	／	／	／
① すらすら言えるようになった。							
② 見ないでも言えるようになった。							

ひとくち英語 ④
76 ➡ 100

#	日本語	#	英語
76	たぶん。	76	Maybe.
77	頑張って！	77	Hang in there.
78	つまり…	78	I mean...,
79	あぶない！	79	Have an eye.
80	やったね。	80	You did well.
81	乾杯〜！	81	Cheers.
82	見て！	82	Look!
83	例えば，	83	For example,
84	だから何？	84	So what?
85	来て！	85	Come here.
86	楽しみましたか？	86	Did you enjoy yourself?
87	あなたに感謝します！	87	I thank you.
88	どういう意味？	88	What do you mean?
89	不思議〜。	89	It's a wonder.
90	信じて！	90	Trust me.
91	質問があります。	91	I have a question.
92	今でしょ！	92	Now or never.
93	おめでとう！	93	Congratulations.
94	大丈夫だよ。	94	No problem.
95	緊張しています〜。	95	I'm nervous.
96	たまには…	96	Once in a blue moon,
97	私にとっては初めてのことです！	97	It's new to me.
98	チンプンカンプンです。＝わからない。	98	It's Greek to me.
99	簡単だよ。	99	It's a piece of cake.
100	やったね。	100	Good job.

自己評価してみよう

◎ よくできた　〇 できた　△ もうすこし　× まだまだ

項目	日にち					
	/	/	/	/	/	/
① すらすら言えるようになった。						
② 見ないでも言えるようになった。						

あとがき

　もともと「すらすら英会話」の原点は，次のような思いからであった。

> 　簡単な100個程度の質問に，すらすら答えられなければ，実践的コミュニケーション能力なんて言えないのではないか!?

ある時，中学2年生にスピーチをさせたことがある。
初めてのスピーチにしては，とても素晴らしく，よくできていた。
次の時間，何気なく生徒に，"When is your birthday?" と尋ねた。
すると生徒は，もじもじしながら，"Seven … twenty-one." と言った。
私は一瞬，"Seven?" と思ったが，すぐに，"Oh, July 21st." とその生徒は言い直した。
この時，私は頭の中で次のような思いを強く抱いた。

> この間，いいスピーチをした生徒が，こんな簡単な質問に答えられないなんて…。
> これで実践的コミュニケーション能力を育てていると言えるのだろうか。
> いや，おかしい。
> スピーチができても，こんな簡単な質問に答えられなくては，英語ができるとは言えない。
> 基本的な質問にすらすら答えられるように鍛えなくてはいけない。

そう感じたのである。
そこでさっそく次の日から始めたものが，ペアでやる「すらすら英会話」であった。
効果は徐々に出始めた。
不定詞の副詞的用法の授業をしていた時であった。
私が，生徒に，"Where did you go last Sunday?" と尋ねると，生徒からは，"I went to Tokyo." とすぐに出てきた。
私は次のように板書し，黒板にメモをしておいた。
これは千葉県の大鐘雅勝先生の追実践である。

```
Kotone — Tokyo
```

続けて，他の生徒に聞く。
"Where did you go last Sunday?"

生徒は答える。
"I went to school."
板書する。

```
Kotone — Tokyo
Syunma — School
```

このように5〜6名に尋ねた後，もう1度，最初の生徒に尋ねる。
T：Where did you go last Sunday?
K：I went to Tokyo.
ここで，尋ねる。
T：Why?
すると，「〜しに行った」「〜するために…」という副詞的用法を使う場面を作ることができるのである。
以前の生徒なら，"Where did you go last Sunday?"で固まってしまっていた。
それが「すらすら英会話」をやったことで，ここの導入がすんなりいったのである。

私は何事もシンプルがよいと考えている。
この「すらすら英会話」も，やり方は簡単である。
ペアになり，ペアでQAを行う。
そこに相づちやQAAなどを盛り込んだり，生徒から教師への質問タイムを作ったり，念のため，テストをしたりする。
これだけである。
これだけで，教室内に英語を話す雰囲気が作られ，また生徒に英会話"力"が付く。
本書の通りやっていけば，実践可能である。
再度確認するが，When is your birthday? ／ Where did you go last Sunday? ／ What do you want to do in your free time? ／ How long is it from here to the nearest station? ／ Where were you last night? などの「簡単な100個程度の質問には，すらすら答えられるようになる」ということが，「すらすら英会話」のねらいである。
当然，英会話によらない話す活動も必要である。
まとまった英語を話すなら，スピーチをさせる。
現在進行形を使わせたかったら，Picture tellingで絵を説明させる。
モノを定義したり，あるものを説明したりする力を付けさせたかったら，マジカルクイズや3ヒントクイズ。

関係代名詞を使って表現させたければ，ワード・パズルやクイズづくりを行う。
　May I ～? や，Will you ～?，Should I ～?，Must I ～? などの助動詞会話では，スキット・メーキング。
　この「すらすら英会話」の他にも，多くの話す活動が存在する。
　それらを組み合わせて，総合的に生徒の「話す」力を高めていけばよい。
　そのうちの1つが，この「すらすら英会話」であると思ってほしい。
　話す活動の中の one of them であることを…。

　さて，日頃より，明治図書の木山麻衣子氏には大変お世話になっている。
　この企画も，「先生が書き溜めている『スラスラ英会話』って何ですか？」の木山さんのひとことから生まれた。
　私は即座に書き留めていた見本とコンセプトをお送りし，本書が完成した。
　その間，1か月である。
　旬なものは旬のうちに。
　とにかく書いてしまう。
　夢がまた1つ実現した瞬間である。
　私の好きな言葉，座右の銘に「終わりは始めなり」というものがある。
　1つの終わりは次のスタートである。もうすでに，私は次のスタートを意識している。
　今は，「文字指導につながるワーク＆パズル」を作りたい。
　小学校外国語活動で音声で学んだ児童が，中学生になり，最初にギャップを感じるものは，文字であろう。その文字に慣れ親しみ，スムーズな移行を可能にするものが，私がイメージしている「ワーク＆パズル集」である。
　今度はそこに向かって進みたい。
　最後になるが，達人セミナーの主宰者である国分寺高等学校の谷口幸夫先生には，日頃から大変お世話になっている。氏の教育技術や思いは，英語教育愛に満ちている。声にはあまり出さないが，英語を愛し，英語のできる生徒を育てよう，若い英語教師を育てようという思いがそこにはある。人を大事にする谷口氏ならではのことであろう。
　全国の達セミ・フレンズのみなさん，そして，教え子のみんなに，そして，最愛の家族にも感謝の気持ちを込めて，本書を閉じたいと思う。

2013年8月　　　　　　　　　　　　　　　　　　　　　　　　　　　　　　瀧沢　広人

【著者紹介】

瀧沢　広人（たきざわ　ひろと）

1966年1月	東京都東大和市に生まれる
1988年3月	埼玉大学教育学部　小学校課程卒業
1988年4月	埼玉県秩父郡皆野町立皆野中学校
1993年4月	埼玉県秩父郡小鹿野町立長若中学校
1997年4月	ベトナム・ホーチミン日本人学校
2000年4月	埼玉県秩父市立尾田蒔中学校
2003年4月	埼玉県秩父郡小鹿野町立小鹿野中学校
2009年4月	埼玉県秩父郡小鹿野町立小鹿野小学校
	現在に至る

　大学4年より，教育技術の法則化運動（現：TOSS）で学び，授業を楽しく，わかりやすく，力のつく指導法を研究。その成果を著書に残す。多くの子どもたちが英語が好きになり，活動の多い授業は，生徒を飽きさせない。

　現在は，達人セミナーやELECなど全国で講演・ワークショップを行っている。

　主な著書は，『目指せ！英語授業の達人22　教科書を200％活用する！　英語内容理解活動＆読解テスト55』『同21　英語授業のユニバーサルデザイン　つまずきを支援する指導＆教材アイデア50』『授業をグーンと楽しくする英語教材シリーズ21　授業を100倍楽しくする！　英語学習パズル＆クイズ』『英語授業面白ゲーム集』『続・英語授業面白ゲーム集』『中学英語50点以下の生徒に挑む』『アメリカンスクールの英語学習はここが違う』『生徒が熱中する英語ゲーム33の技』『生徒をひきつける授業の入り方・アイデア事典』『文法入試力』『"読解"入試力』『作文入試力』（いずれも明治図書），『誰でも簡単"英語ゲーム"でワクワク授業』『ぜひ知っておきたい！必須！小学校英語の定番ゲーム＆ミニ活動集』『中学一年生：入門期での指導』『わくわく！面白英文法指導の導入と音読指導』（すべてDVD　いずれもジャパンライム）他多数。

【本文イラスト】木村　美穂

授業をグーンと楽しくする英語教材シリーズ24
5分間トレーニングで英語力がぐんぐんアップ！
中学生のためのすらすら英会話100

2013年9月初版第1刷刊	©著　者	瀧　沢　広　人
2017年6月初版第8刷刊		
2017年10月2版第1刷刊	発行者	藤　原　久　雄
2025年7月2版第8刷刊	発行所	明治図書出版株式会社

http://www.meijitosho.co.jp
（企画）木山麻衣子　（校正）三浦江利子
〒114-0023　東京都北区滝野川7-46-1
振替00160-5-151318　電話03(5907)6702
ご注文窓口　電話03(5907)6668

＊検印省略　　　　　組版所　株式会社ライラック

本書の無断コピーは，著作権・出版権にふれます。ご注意ください。
教材部分は，学校の授業過程での使用に限り，複製することができます。

Printed in Japan　　　　　　　　　　　ISBN978-4-18-094317-3